Mīla stiprāka par nāvi
Rainis

Mīla stiprāka par nāvi
Copyright © JiaHu Books 2014
First Published in Great Britain in 2014 by Jiahu Books – part of Richardson-Prachai Solutions Ltd, 34 Egerton Gate, Milton Keynes, MK5 7HH
ISBN: 978-1-78435-085-7
Conditions of sale
All rights reserved. You must not circulate this book in any other binding or cover and you must impose the same condition on any acquirer.
A CIP catalogue record for this book is available from the British Library
Visit us at: jiahubooks.co.uk

Personas	5
Pirmais cēliens	7
Otrais cēliens	25
Trešais cēliens	46
Ceturtais cēliens	60
Piektais cēliens	69

Personas:
MAIJA, Greifa audžu meita.
VIKTORS HEILS, dārznieks Siguldā.
ADAMS JAKUBOVSKIS, standartjunkurs.
SKUDRĪTIS, karakalps, Jakubovska draugs.
FRIDA, no Turaidas galma ļaudīm.
LIENĪTE, Greifa meitiņa.
HEDVIGA ŠILDHELMA KUNDZE.
ŠILDHELMS, Turaidas pils pārvaldnieks.
ZEMES TIESNESIS.
DIVI TIESAS PIESĒDĒTĀJI.
ZVIEDRU VIRSNIEKI.
KROGA MEITA.
Ļaudis, kareivji, virsnieki, meitas, sulaiņi, tiesas kalpi, kara kalpi.
Vieta: Turaidas pils un Siguldas Labvīra ala.
Laiks: 1620. gada augusta mēneša pirmās dienas.

Pirmais cēliens

Maija un Lienīte.
MAIJA *(Dzied klusi.)* Zīlīt, manu mazmāsiņu,
Nāc ar mani dziedāties, —
Es tev teikšu jaukus vārdus,
Tu man līdzi tricināsi.
Dieva dēli kalnā jāja,
Pakavs šķīla uguntiņu,
Uguntiņas dzirkstelīte
Rožu krūmā aizdegās.
(Putniņš aplido viņu un atsēstas uz viņas izstieptās rokas.)
MAIJA *(Klusi smiedamās.)* Lūk, lūk! putniņš nāk uz manu roku. — Nenāc, Lienīt, tuvāk un nekusties! no tevis tas baidās.
LIENĪTE *(Divpadsmit gadu veca meitene, tura arī savu rociņu izstiepusi, klusi.)* Cip! cip! cip! Es turēšu baltas maizes drupatiņu, — viņš nāks arī pie manis. Cip! cip! cip! Nenāk vis.
(Putniņš aizlaižas.)
MAIJA Putniņš baidās no tevis. Tu varbūt nevēli viņam labu, gribi viņu noķert. Tad putniņš nenāk. Kustonis jūt, kas labs pret viņu.
LIENĪTE Jā, tevi jau visi mīl — ij putniņi, ij kaķīši, ij sunīši, ij — jaunkungi. Katram tu pasaki labu vārdu, ar katru pajokojies un jauki padziedi: kas šī bija par dziesmiņu un kā tā beidzās?
MAIJA Tāpat, dziesmiņa no sevis. Bet kas tad tev, Lienīt, iemācījis runāt par jaunkungiem? Laikam gan Frida? vai būsi dzirdējusi ļaužu galā?
LIENĪTE Bet tev jau tiešām visi taisās klāt, ne tik vien tavs Heils.
MAIJA Ko tu visu nezini, bērns! — Bet nu kas tad, ka Heils?
LIENĪTE Nu jā, ne tik vien Heils, bet ij junkurs, ij Skudrīts, ij virsnieki, ij zaldāti, ij galma ļaudis. It kā tu būtu visus ieēdinājusi kā šo putniņu.
MAIJA Es putniņu nemaz neesmu ieēdinājusi, viņš nāk no brīva prāta. Man tik žēl, ka visi viņu grib ķert un iesprostīt, un priekš sevis turēt. Vai tad putniņam nav arī savas dzīvībiņas? negrib sev padzīvot? lai priecājas tāpat par viņu. Bet, kad tas brīvi laižas kokos, tad viņu šauj nost. Cik briesmīgi ir cilvēki!
LIENĪTE Es arī gribētu, ka man būtu tāds glīts putniņš, un es arī viņu liktu krātiņā un nedotu nekam citam.
MAIJA Ak, kāda tu esi!

LIENĪTE Kāda tad es esmu? Tā kā visi. Tikai tu esi savāda.
MAIJA *(Klusi dudina.)* Mākoņi skaidri,
Zīžaini balti,
Zemē tiem salti,
Uz saulīti kāpj.
Vējiņi, mākoņi,
Ilgas ir triji, —
Kur tu vēl biji
Ceturtā līdz?
Liesmiņa laukā
Kur rastu vietu?
Kas mani sietu?
Tīmekļa diegs.
LIENĪTE Dziedi, dziedi, — bet vai tad tavs Heils nav tāds pats? Tai tu pati neesi kā putniņš, un vai viņš tevi dod citam? Vai tad viņš nebaras un netrako? Un vai tu viņu atdotu citai? Frida un citas jau diezgan dzenas viņam pakaļ.
MAIJA Nerunā, Lienīt! Tu tādas lietas nesaproti. Heils ir tas labākais un krietnākais cilvēks visā pasaulē, tas skaistākais un mīļākais — (neklausīdamās uz Lienīti):
Agri cēlās Auseklītis,
Gāja puķes aplūkot, —
Visas acis nodūrušas,
Rasas pilnas, sapņu pilnas.
LIENĪTE Ak tu domā, ka es vēl tik maziņa, nekā nesaprotu! Es zinu tāpat kā lielās meitas, kas ir bučoties un knakstīties, es zinu visu, visu. Es zinu, kas ir mīla.
MAIJA Nu, kas tad ir mīla?
LIENĪTE Mīla ir, kad sēd klēpī un dabū dāvanas, un dikti, dikti spiedz un smejas.
MAIJA Nē, tā nav mīla.
LIENĪTE Nu, kas tad ir mīla?
MAIJA Mīla nekādu dāvanu neņem un atdod visu, visu; klusa kā dienas vidus, kad visi guļ un tikai saule viena pati spīd; dziļa kā Gaujas grava, pilna ziedošu puķu un zaļu koku, un lakstīgalu, bet pašā vidū labais gariņš, labais vīriņš savā alā.
LIENĪTE Zinu, zinu, zinu, — kad sēd viens vienā pusē avotiņam, otrs otrā pusē, — kas tā par mīlu? Ē, kad visi kopā un dzer un danco, un trako, ka nu! Es zinu visu.
MAIJA Bet ko tad tava māmiņa saka par tādu zināšanu?
LIENĪTE Tā nekā nedabūs zināt. Tu jau neteiksi par mani, un es par

tevi ar nekā neteikšu.
MAIJA Tu par mani vari teikt, cik gribi, man nekā nav ko slēpt. Tikai nemelo.
LIENĪTE Kam tad man melot. Es zinu arī tāpat visus noslēpumus. Es zinu, ka tu esi atrasts bērns uz kara lauka starp miroņiem, no žēlastības pacelts un pieņemts. Tev nav ne mātes, ne tēva, bet man ir daudz.
MAIJA Kur tad tev tie daudzie?
LIENĪTE Man tēvs un krusttēvi, un viņtēvi. Es atdošu tev savus, kad tev nepietiks ar miroņiem un ar vienu pašu Greifu, kurš arī tikai patēvs. Tu esi labiņa. Es tevi mīlu kā savu māmiņu; nē, vēl daudz vairāk — kā baltu maizīti, medū mērcētu. Nē, nē, vēl daudz vairāk.
MAIJA Ak tu mazā pļāpiņa, tu mīļā meitenīte!
LIENĪTE Nu, vai gribi? nu, vai gribi manu māti vai tēvu?
MAIJA Es negribu, Lienīt, man pietiek ar miroņiem.. Miroņi ir labāki nekā dzīvie.
No miroņiem nāku,
Uz miroņiem eju,
Starp dzīvajiem deju
Kā vēsmiņas šalts.
Kur ir mana māte?
Un kur mans tētis?
Kas rokas plētis,
Kas mani skauj?
LIENĪTE Miroņi nekustas nemaz.
MAIJA Putekļi putēs,
Lietutiņš slacīs,
Vaļējās acīs
Miroņiem līs.
Ne tie ko vairās,
Ne gaiņās, kratās —
Nākotnē skatās
Miroņu acs.
Ne tie ko vēlas,
Ne tie kā slāpa —
Garaiņi kāpa,
Dvēsele līdz.
LIENĪTE Es nu gan neiešu tiem līdz! Man gluži baigi un bēdīgi paliek, kad tu tā runā. Bet tu jau arī mani tik gribi pabaidīt, kam es par daudz pļāpāju. Tu jau pati smejies. — Tu tāda savāda; tu savādāka nekā savāda, tāda tu nebiji. Nāc, patrakosim.

MAIJA Patrakosim! Nāc, ķer mani!
LIENĪTE Tu tas putniņš, es tas mednieks.
MAIJA Paskat! Visi grib būt par medniekiem.
LIENĪTE Vai tad mēs tevi nenoķersim?
MAIJA Es negribu! Es neesmu ķerama. Cik briesmīgi ir cilvēki!

Otrais skats

Tie paši. Ienāk Skudrītis.
SKUDRĪTIS *(Klusi paver durvis un pa starpu iespraužas iekšā. Smaidīdams stāv un aplūko Maiju, tad bailīgi aizskar viņu, kad tā garām skrej.)* Paņenka Maija, paņenka Maija, nu es jūs noķeršu.
MAIJA *(Satrūkusies.)* Vai! Ko jūs te iezogaties, Skudrīti? Ko jūs biedējat? Nākat bez ziņas iekšā.
SKUDRĪTIS Paņenka Maija, es tik tāpat. Es klauvēju, bet paņenka nedzirdēja; paņenka smējās. Paņenka Maija tik priecīga; kad paņenka Maija būtu paņenka moja.
MAIJA Ko jūs gribat teikt?
SKUDRĪTIS Nu, kad paņenka Maija būtu moja, būtu mana, paņenka tik priecīga un skaista.
MAIJA Mani tā vis nevar paņemt. — Bet jūs jau, Skudrīt, izteicāt joku: paņenka Maija — paņenka moja. Joks jums gadās pirmo reizi.
SKUDRĪTIS Nu, vai ta' nu pirmo reizi? Vai ir labs joks? Bet es ilgi gan domāju, kamēr izdomāju.
MAIJA Ilgi domājāt un tomēr izdomājāt tā, kā nav.
SKUDRĪTIS Bet vai tad paņenka nevarētu būt moja? *(Viņš izstiepj rokas.)*
MAIJA Nestiepjat labāk vis rokas pēc manis! Vai tad jūs nezināt, ka man tik vajaga pateikt burvja vārdu un jūsu rokas sastings kā sausi koku zari uz laiku laikiem?
SKUDRĪTIS *(Piepeši nolaiž rokas un atkāpjas kādus soļus atpakaļ.)* Paņenka Maija taču nebūs tik dusmīga!
MAIJA Nu, ko tad jūs nākat man tik tuvu?
SKUDRĪTIS Man tā patīk paņenka, man tā patīk!
MAIJA *(Paskatās uz viņu.)*
SKUDRĪTIS *(Sabijies aši norunā.)* Es tik nācu paskatīties, vai var nākt. — Paņe štandartjunkurs man lika paskatīties. Es tik tāpat. Es jau eju, — paņenka Maija, pšeprašem, paņenka Maija, atvainojat! *(Aiziet.)*

Trešais skats

Maija un Lienīte. Tūliņ pēc Skudrīša aizejas ienāk Jakubovskis.
LIENĪTE Kāds jocīgs tas puspolīts! Kā viņš sabijās! Bet vai tev tiešām ir tādi burvju vārdi?
MAIJA Un kā tad tu domā?
LIENĪTE *(Māj ar galvu.)*
MAIJA Buru, buru, buru — Ko es rokās turu —
LIENĪTE *(Aiztura viņai ar roku muti.)* Klusi, klusi, nesaki nekā!

Ceturtais skats

Ienāk Jakubovskis.
JAKUBOVSKIS *(Ir uzposies standartjunkura uniformā, bet bez zobena pie sāniem.)* Cienītā jaunkundze, nav jau visi vīrieši tik briesmīgi, kā jums labpatika izteikties. Es pats, piemēram, nemaz neesmu briesmīgs. Lūk, es atnāku pat bez zobena, kad jūs tikai man piezīmējāt, ka no zobena baidoties, arī kad tas makstī.
MAIJA Nu jūs taču mūs sabiedējāt, tā piepeši ienākdami, tāpat kā jūsu draugs apakškareivis Skudrīša kungs.
JAKUBOVSKIS Kas viņš man par draugu? Mums nav nekā kopēja; viņš ir mans apakšnieks un apkalpotājs.
MAIJA Jums taču ir diezgan daudz kopīga: kopīgi jūs atbēgāt no Polijas, un kopīgas jums manieres. Abi jūs nākat bez ziņas, un jūs, standartjunkura kungs, pat esat aiz durvīm noklausījušies, ko mēs runājām. Tā mēdz darīt apkalpotāji un tie, kas ar tiem kopīgi.
JAKUBOVSKIS *(Iekaisdams, bet tūliņ saturēdamies.)* Cienītā jaunkundze, es lūgtu — — (Viņš spēji pārmaina savu toni no sašutuma uz ironiju un koķeteriju.) Cienītā jaunkundze pati noteica reizu reizēm, ka jums neesot nekādu noslēpumu, lai tikai nemelojot. Tas jums nepatīkot.
MAIJA Fui, ļoti cienīts standartjunkura kungs, — tad jūs visu laiku esat noklausījušies aiz durvīm. Fui!
JAKUBOVSKIS Nu, lūk, es nemeloju, kaut gan tas būtu te tik viegli izdarāms. Un kaut gan man patīk melot, — kad tikai jauki iznāk, — sevišķi jaunkundzēm. Cik tāli arī tiksi ar patiesību — sevišķi pie jaunkundzēm.
MAIJA Krietna jums, standartjunkura kungs, kareiviska pārliecība, ka var melot.
LIENĪTE *(Iesmejas un taisās bēgt pa durvīm laukā.)* Hi, hi, hi —

jaunkundzēm var melot.
MAIJA Lienīt, neej prom! paliec tepat! — Jūs, junkura kungs, runāsiet tā, ka arī bērns var klausīties.
JAKUBOVSKIS Tad, lūk, — es nemeloju: es tiešām klausījos aiz durvīm jūsu skaisto balsi, jūsu bezbēdīgos skaidros sudraba smieklus, jūsu eņģelisko, nevainīgo rotaļāšanos, kā rotaļājas spārnoti amoreti. Tikai ne zemes virsū, bet paradīzes dārzos. — Kur tad citur es to dzirdētu, ja ne aiz durvīm, slepeni, caur šķirbiņu ieskatīdamies spožuma pilnībā, kā meitenes caur atslēgas caurumiņu nolūkojas lielkungu greznā balles zālē. Jūs mana paradīze, es jūs mīlu!
MAIJA Junkura kungs, vai tā runā, kur bērni klausās?
LIENĪTE *(Klusu.)* Nu, ko tad te nevarētu klausīties? es vēl ne tādas lietas esmu dzirdējusi.
MAIJA *(Ar rokas mājienu norāj Lienīti.)*
JAKUBOVSKIS Es nerunāju bērnam, es runāju jums, Maija. Jūs mani atraidījāt, kad pirms trim mēnešiem es jūs bildināju patiesi, svēti, ar karavīra-virsnieka godu.
MAIJA Jā, jā, jā — kā tagadējais viņa majestates Zviedrijas karaļa standartjunkurs un izbijušais viņa majestates Polijas karaļa standartleitnants.
JAKUBOVSKIS Jums labpatīk tikai smieties par mani, kad es runāju par savām dziļākām jūtām.
MAIJA Es neticu tam, kā jūs izsakāt savas jūtas. Mēs tās jūtas saprotam katrs savādi.
JAKUBOVSKIS Ko tur saprast savādi: mīla ir mīla, ar to diezgan. *(Tad atkal iejuzdamies savā uzvarētāja lomā, pusviltīgi, koķeti.)* Bet kad es ar nepatiesību būtu jums teicis, ka precēšu Fridu vai Huldu, vai Annu, — to ar garajām bizēm, kuras tik viegli ķeramas, — bet jums jau daudz skaistāki mati nekā visām — jeb vai Mariju vai paņi Skolastiku, bet tā jau ir precēta, jeb vai visas reizē, — tad es būtu jūs gan dabūjis, ja jūs būtu bijusi greizsirdīga. Redzat nu, cik patiess es esmu! Un, kaut gan jūs kā putniņš no manis bēgat, es jūs nešauju nost.
MAIJA *(Sadrebas un atkāpjas tālāk.)* Man bail no jums. — Es jūs atraidīju pirms trim mēnešiem, tādēļ ka biju jau agrāk saderinājusies ar citu.
JAKUBOVSKIS Nu jā, jā, zinu: ar dārznieku Heilu, kaut gan te ir standartjunkurs. — Un, lūk, panna Maija, šis lapu tārps gan būtu jūs nograuzis. Šāvis gan nebūtu, jo viņam nav ar ko šaut. Bet vaļā viņš jūs nelaiž un nelaidīs pats, jo viņam nav citu sievišķu. No viņa

jau visas meitenes bēg, lai viņš cik pārdabīgi skaists izliekas jums. Kad viņš nevienu nevar dabūt, tad viņam jāizliekas svētam. — Viņš jau ar meitenēm arī nezinātu, ko iesākt, nav jau nekāds stiprinieks. Ar to savu dārza cirvīti var apcirst tikai koku zariņus; to spēj veikt katra kaziņa ar. — Jūs viņu apžēlojat, tad viņam pie jums jāturas. Jūsu bruncos viņš ieķēries kā bailīgs zemnieka zēns un neiet nekur nost.

MAIJA Jā, viņš ir uzticīgs, viņš ir vīrs, uz kuru var palaisties.

JAKUBOVSKIS Palaisties? uz viņu?! Ha, ha, viņš tūdaļ sāktu pats palaisties, kad tik kāda būtu, kas viņu uzskatītu. Vajadzēs taču kādu meitu salīgt, lai ar viņu iesāk. Tad jūs gan redzētu.

LIENĪTE *(Klusu.)* Tad būtu gan jauki! To es arī labprāt redzētu.

JAKUBOVSKIS Gudrs bērns! *(Viņš pasmejas.)* Viņš pielipis jums klāt kā bišu tēviņš pie medus un nelaiž neviena tuvumā. Jums vajadzētu arī būt patstāvīgākai. Lai ir brīva sacensība, tad es jūs tūdaļ atņemšu viņam.

MAIJA Jūs par Heilu tik ļaunu vien runājat un domājat, bet viņš par jums labu; viņš nezin, ka jūs tik ļauns.

JAKUBOVSKIS Ko tad šis par mani var ļaunu runāt? Es brašs karavīrs, augstākas kārtas cilvēks un protu ieņemt cietokšņus, lai tie būtu bruņoti vai ar lielgabaliem, vai ar asu mēlīti. Bet ko tad par viņu lai labu saka? Ikdienišķs cilvēks, zemas kārtas; labs amatnieks — tas ir visaugstākais.

MAIJA Viņš nav ikdienišķs, viņš ir sirdslabs.

JAKUBOVSKIS *(Iekaisdams.)* Kalpam jābūt sirdslabam pret saviem kungiem. No kungiem un karavīriem prasa ko citu: spēku un drosmi. *(Pārgalvīgi.)* Nu, vai tad jūsu cietoksnis nemaz nepadotos, kad es to ņemtu ar spēku?! Spēks sievietēm patīk.

(Viņš piepeši viņu apskauj.)

MAIJA *(Strauji.)* Ejiet nost!

(Atgrūž viņu.)

LIENĪTE *(Iesmejas un sit plaukstas.)* Hi, hi, hi!

JAKUBOVSKIS *(Atlaiž Maiju, uz Lienīti.)* Ko tu te dari? Ej, māmiņa tevi sauc.

LIENĪTE *(Pabēgdama.)* Nesauc vis!

MAIJA Paliec še, Lienīt! Man bail.

JAKUBOVSKIS Cienītā jaunkundze, nebaidāties. Es jums nekā ļauna nedarīšu. Goda vārds. Es tikai gribu jums teikt ko ļoti nopietnu, kas bērnam nav jādzird. Es redzu: ar varu, ar parastiem līdzekļiem, ar vienkāršu mīlināšanos pie jums nekas nav panākams. Jūs esat gluži savāda meitene, jūs esat augstākas sugas

radījums. Jūs mani atbruņojat. Es jums padodos. Es lūdzu pardonu. Jūs uzvarējāt mani. To vēl neviena sieviete nav panākusi. Goda vārds! Lai tas bērns iet. Nebaidāties. Es jums gribu ko teikt, no kā atkarājas mana dzīvība. Es jums dodu goda vārdu. Ticat man kā cilvēkam.
MAIJA Lienīt, tu vari iet.
LIENĪTE Es zinu gan. Hi, hi, hi!
(Aiziet.)

Piektais skats

Tie paši bez Lienītes.
JAKUBOVSKIS Tā! nu viņa ir projām. Nu mēs brīvi!
(Tuvojas Maijai.)
MAIJA *(Atkāpjas.)* Runājat. Kas jums bija sakāms, no kā atkarājas jūsu dzīvība?
JAKUBOVSKIS Nebēgat! Heils jau nenāk nekad ap pusdienas laiku, — nav jums ko baidīties. Un tik daudz jau viņš var jums dot brīvības: parunāties ar pazīstamu augstākas kārtas cilvēku nekā viņš pats.
MAIJA Jā, jā, standartjunkura kungs, to jūs man esat vairākkārt atgādinājuši, — jūsu kārta tiešām tikpat augsti paceļas pār citiem kā standarta karoga kārts pār pulku.
JAKUBOVSKIS Maija, nesmejaties par mani šinī brīdī! Es jūs mīlu, ārprātīgi mīlu! Es laimīgi paņēmu šo acumirkli, lai jums to reiz teiktu — jūs vairāties no manis. Es jums dzenos pakaļ jau veselu gadu — —
MAIJA Tāpat kā visām citām meitenēm.
JAKUBOVSKIS Lai jūs kaitinātu! Un priekš kā tad viņas ir, ja ne priekš karavīra, kas viņas spēj ņemt? Bet jūs esat gluži kas cits — jūs es esmu iemīlējis kā muļķa skolaspuika, kāds es biju pie sava tēva-skolotāja —
MAIJA Kad jūsu tēvs bija skolotājs, vai tad viņš jums to iemācījis, meitenēm pakaļ skriet un plītēt?
JAKUBOVSKIS Nē, to man iemācīja mūsu laiks, mūsu kara laiks. Bet es protu vēl lasīt un rakstīt; es satiekos ar virsniekiem un labākiem ļaudīm, — Heils tā nevar, viņš ir zemas kārtas. Man ir nauda un dārgumi, Heils ir plikadīda. Es esmu poļu muižnieks, jūs taču saprotat.
MAIJA Saprotu, saprotu: kad jūs jau tik augstu pacelts no paša

dzimuma, kam tad jums jāmokās ar lasīšanu un rakstīšanu? Heilam nu gan jābūt izglītotam, lai tas kas būtu. Viņam arī nav karā gūtas naudas un dārgumu, viņam jābūt toties krietnam tikumam.
JAKUBOVSKIS *(Smejas.)* Ha, ha, ha — par viņa krietniem tikumiem jūs runāsat citādi, kad viņš jūs piekaus aiz greizsirdības vai gribēs nokaut. Bet mani jūs ar savu skaistumu un savu laipno dabu esat apbūrusi.
MAIJA Nekādu sevišķu laipnību es jums neesmu parādījusi.
JAKUBOVSKIS Nē, diemžēl nē, bet kādēļ es esmu no jums kā apburts?
MAIJA *(Smejas.)*
JAKUBOVSKIS Varbūt jums tiešām ir kādi burvju vārdi. Bet jūs mani esat padarījusi par citu cilvēku, jūs burvīgā — *(Tuvojas viņai. Maija atkāpjas.)* Lūk, — es agrāk — ne mirkli nebūtu kautrējies jūs sagrābt — skaistulīti — es esmu straujas dabas, es visu salaužu, es panāku visu, ko gribu — bet tagad, lūk, es atkāpjos. Nebaidāties! — jūs mani padarījāt par citu cilvēku: jūs pārmetat, ka es plītējot, es vairs nedzerti, es neplosos ar meitenēm — jūs mani ceļat uz tām debesīm, kur jūsu dzimtene! bet es nāku no elles.
MAIJA Mana dzimtene ir kaujas lauks ar miroņiem, — man to pat bērni saka.
JAKUBOVSKIS Nu, tad mēs abi esam karalauka bērni! mēs saderam kopā! Es ar savām stiprām rokām pacelšu jūs no kaujas lauka un miroņiem pret debesīm, kur jūs būsat eņģelis citu eņģeļu starpā! Un man jūs pasniegsat mazo pirkstiņu, lai es līdzi stieptos uz debesīm pie jūsu kājām! *(Viņš piepeši sagrābj viņu, paceļ gaisā un skūpsta.)* Opā! opā!
MAIJA Laižat vaļā! laižat vaļā! acumirklī!
JAKUBOVSKIS *(Palaiž viņu, smiedamies.)* Urā! pirmā breša cietokšņa sienā! urā!

Sestais skats

Tie paši. Ienāk Viktors Heils.
HEILS *(Kliedz.)* Nost, jūs neģēli! Laižat viņu vaļā! Ārā no šenes!
MAIJA *(Atsvabinādamās no Jakubovska.)* Vai man' dieniņ!
JAKUBOVSKIS *(Uz Heilu.)* Ko jūs uzdrošinājaties? še kliegt! Ko jūs nākat še bez ziņas iekšā?
HEILS Viņš man vēl teiks, ka es nāku bez viņa ziņas! Arā no šenes! Tūlīt!

JAKUBOVSKIS Te nav jūsu dzīvoklis. Te jaunkundzei ir teikšana.
MAIJA Ejat! ejat, dieva dēļ!
HEILS Ārā! jeb es — —
JAKUBOVSKIS Es no jums nebaidos, psia krev! Jūs varat draudēt kālim vai rācenim izsviest, ne karavīram. Es jūs iepazīstināšu ar savu zobenu! *(Ķer pēc zobena, bet to neatrod.)*
HEILS Redzēsim, vai jūs taču nebūsat sapuvis kālis!
JAKUBOVSKIS Maija, kur likāt manu zobenu? — Ak, es, muļķis, atnācu bešā!
MAIJA Neceļat ķildas, dieva dēļ! Labi, ka jums nav zobena.
JAKUBOVSKIS Maija! Lai viņš neceļ ķildas! Lai neraida mani ārā! Es esmu virsnieks; viņam nav tiesības. Tā jūsu istaba.
HEILS Man ir tiesības: es esmu jaunkundzes līgavainis.
JAKUBOVSKIS To redzēsim, kāds šis kalps ir līgavainis, hams, suņa asins! Līgavojies, cik gribi, — es paņemšu pirmais tavu līgavu, tu zaļais kāpostu tārps. — Sveika paliec, Maija, — panna Maija, panna moja!
(Viņš sniedz Maijai roku un velk viņu pie sevis klāt.)
HEILS *(Atgrūž Jakubovska roku un izrauj no jostas savu dārza cirvi.)* Ārā, nelieti!
MAIJA *(Satura Heilu aiz rokas.)*
JAKUBOVSKIS Pagaidi tu man! Gan tu mani pieminēsi ar visu savu cirvi, mūdzis tāds! Kas tu man par pretnieku? Sveika, Maija!
(Viņš iet, atgriežas vēl atpakaļ un dusmās iekliedzas, tad aiziet.)

Septītais skats

Tie paši bez Jakubovska.
MAIJA *(Tura vēl Heilu aiz rokas.)* Viktor, Viktor, Viktor, nesit viņam ar cirvi! Liec nost cirvi! Esi prātīgs! Apmierinies!
HEILS Es esmu prātīgs. Bet vai tu esi prātīga?
(Viņš raisās vaļā no viņas rokām.)
MAIJA Apmierinies, apmierinies! mīļais, labais! mīļais!
HEILS Ej nost! Nupat vēl tu apskāvi to neģēli. Vai tu gribi mani skaut tāpat?
MAIJA Ak! ak! ak!
(Viņa aizbēg otrā istabas malā.)
HEILS Nebēdz! Es esmu mierīgs. Izskaidro tad man, ko tas nozīmē, ko es še redzēju?
MAIJA Ak, Jakubovskis, Jakubovskis — bij atnācis. — Mēs bijām še

abas ar Lienīti. — Tad Lienīte —
HEILS — Tad Lienīte izskrēja un mani brīdināja, lai es nenākot šurp, tu nevarot tagad ar mani runāt.
MAIJA Ko? Lienīte? Tevi brīdināja? Es nekā nezinu.
HEILS Ak tu nekā nezini! Un ko tas nozīmē, ka tas neģēlis tevi apskāva un skūpstīja, un urrā! sauca? Tas viss pa to laiku, kamēr es nedrīkstēju iekšā nākt.
MAIJA Ak, tā nebija, tā nebija! Ko tas bērns tur sajaucis? Jakubovskis negribēja neko ļaunu man darīt. Viņš solījās tagad būt labs un rātns.
HEILS *(Mākslīgi apspiezdams uzbudinājumu.)* Ha! labs un rātns! — Tu tagad gribi viņu ņemt? — Tu atsakies no manis? Saki skaidri un gaiši! — Es tev nekā nepārmetīšu! Tad mana dzīve izšķirsies.
MAIJA *(Tuvojas viņam, lūdzoši.)* Ak, nē, nē, nē!
HEILS *(Ar niknumu, kas izlaužas sarkasmā.)* Nē? Vai tu gribi ņemt abus divus? Vai vairākus, kā tas še parasts?
MAIJA *(Vairās un novēršas klusēdama.)*
HEILS *(Iekaisdams vēl vairāk, saņem viņu aiz rokas.)* Runā, runā, tu!
MAIJA *(Iekliegdamās.)* Vai! vai! — Tu manu roku spied!
HEILS Runā! Nu! — Vai tev muti atdarīt ar dzelzi kā iebriedušas durvis?
MAIJA Vai tu mani arī gribi cirst ar savu cirvi? — Vai! vai! — Liec nost cirvi! nenāc ar cirvi pie manis! Lūk, viņš arī nolika savu zobenu, kad —
HEILS Saki, saki, ko aprāvies? — Kad pie tevis nāca. — Kur tad viņš nolika savu zobenu? Es neredzu.
MAIJA Viņš atnāca bez zobena.
HEILS Ak tā! Jums bija par to jau agrāka noruna, — jums ir dažādas agrākas norunas — tu! — tu! — *(Sagrābj viņu atkal aiz rokas.)*

Astotais skats

Tie paši. Ienāk Frida.
FRIDA Ak, tu, Viktor, te esi?
HEILS Ko tu gribi? Ko tu nāc?
FRIDA Nu, — es jau tik domāju, ka te polis ar Maiju tērzē, bet nu redzu, ka tu esi izjaucis viņu parastās laipnās sarunas un apdraudi Maiju ar cirvi.
HEILS *(Apkaunojas, noliek cirvi.)* Kas par blēņām! es ar cirvi

apdraudu Maiju? — Ej tu prom! nerādi savu acu šeit!
FRIDA Lūk! cik bargi! Ko tu mani nu dzen prom? Taču tu pats no manis izdabūji, ka polis še nāk, un tādēļ tu še ieradies nelaikā.
MAIJA *(Uz Fridu, sarkdama.)* Kauns tev!
FRIDA Man kauns? Viņš taču ar varu izdabūja zināt. Vai nav tev varbūt vairāk kauns, ka tu pinies ar šādiem tādiem un atstāj savu krietno līgavaini?
MAIJA Es nekā ļauna nedaru, no kā man būtu jākaunas. Es ne ar vienu nepinos kā tu. Es mīlu savu līgavaini.
FRIDA Kurš tad tas līgavainis būtu? Vai tas virsnieka lielskungs? Tev jau ir daudz to pielūdzēju. Tu jau esi izveicīga.
HEILS Kas šis par virsnieku-lielkungu? Poļu blandoņa! Pārbēdzējs! Nodevējs!
MAIJA *(Uz Fridu vienkārši, nokaunējusies.)* Es mīlu Viktoru.
FRIDA Jā, jā, Viktoru arī. Kas tad Viktoru nemīl? Visas meitas uz viņu kaunīgi acis met, ne tu viena. Viņš ir tāds nopietns un maigs, gluži citāds nekā citi vīrieši. Tu viņu tikai uzbudini. Viņš ir — tāds mierināms un apžēlojams.
HEILS *(Uz Fridu.)* Tā, tā, — visas meitas uz mani acis met, bet visas pašas sevi met polim rokās. Un tu pirmā.
FRIDA Tu jau esi tāds ērkšains, tāds atturīgs un tikumīgs. No tevis visām bailes; tevi tikai ciena, bet ar poli jokojas.
HEILS Jokojas, jokojas, kamēr tiek nopietnība.
FRIDA Nav jau pasaule tik svēta kā tu. — Ko tu saki, Maija? *(Maija aizgriežas.)* Kara laiki, šodien dzīvs, rīt nav vairs. — Bet, kad precas, tad nejoko ...
HEILS Kad pierod jokot, joko vienmēr.
FRIDA Es nu gan tāda neesmu. Kas mani precēs, tas gan redzēs. Es ne tāda kā citas, kas ar cirvi jāpārmāca. Vēl tev nepietiek, ko tu pats novēroji. Tu gaidīsi, kamēr tev tava izredzētā atnesīs pūrā mazu galviņu ar melnām sprogām.
HEILS Ārā!
FRIDA Gan tu mani lūgsies, lai es nāku iekšā pie tevis. Bez manis tu jau no viņas vaļā netiksi. — Labu apetīti pie uzsildītas pusdienas! *(Aiziet ar kniksi, smiedamās.)*

Devītais skats

Tie paši bez Fridas.
HEILS Kustoņas! kustoņas! kustoņas! Visas tikai kustoņas! Kā

nelabi kukaiņi uzmetas uz rožu lapām un nokož tās. — E! Kā glumi gliemeži rāpjas un atstāj gļotas uz puķes, ka riebjas to vairs rokā ņemt! Tu dod savu sirdi, kam viņām sirds? Tām vajaga gluži kā cita. Visas vienādas! visas kā slieķes no tiem pašiem gružiem! Riebjas, riebjas, riebjas! Sirds gluži nogurst no riebuma.
(Viņš atsēstas uz krēsla un saņem galvu rokās.)
MAIJA *(Pieiet viņam klāt un uzliek roku uz pleca, — viņš roku nokrata.)* Heil, Heil! rimsties, rimsties! Nav jau sievietes tik riebīgas un samaitātas, kā tev dusmās liekas. Nav jau arī
FRIDA tik ļauna.
HEILS *(Rokas neatņemdams no galvas; rūgti smiedamies, izgrūž caur zobiem.)* Ha, ha, — nav, nav Frida tik ļauna! Kā te viņa vēl nupat pret tevi rīdīja! Nav tik ļauna, nav tik ļauna.
MAIJA Nu, vienu labu viņa vismaz izdarīja tagad, kad ienāca negaidīta starpā un novērsa tavu dusmu izverdumu.
HEILS *(Nepacietīgi.)* Ak, laid!
MAIJA *(Piespiezdamās aizrunāt prom viņa uztraukumu gan ar prātu, gan ar humoru, gan ar daudzvārdību.)* Ak, Viktor, mīļo Viktor, nedusmojies jel, lūk, tev pašam tad sirds sāp. Nav jau cilvēki tik ļauni; norimsies kari, dzīve būs atkal laipna. Lūk, pavasara plūdi pārskrēja, kas visu Gauju bija sajaukuši, — vai tev dzīve netiks arī tik skaista un mīlīga kā Turaidas gravas un lejas? Un tu no mūsu augstā torņa varēsi lūkoties dziļi, dziļi pāri tālām zilām saulesganībām.
HEILS *(Tāpat.)* Ha, ha, kas tur ganīsies? — velna kazas?
(Noliek cirvi nost.)
MAIJA Viktor, šodien cilvēks dzīvs, un rīt viņa vairs nav. Tauriņš dzīvo vienu dienu, un viņš steidzas lidot un medu sūkt. Un vai tev vienas dēļ jānīst visas sievietes? Vai sieviete nav arī cilvēks? Ko tu viņu vien nosodi? — Un vai tad viņai rūp izdzīve? Viņa grib, lai to tura par cilvēku un lai ciena. Viņa negrib, ka to tura par īpašumu. Viņa nav medību suns, kuru pasvilpj un kauj.
HEILS *(Tāpat.)* Priekš kā tu to visu runā? vai priekš Fridas? Ko tu viņu tā aizstāvi? Vai tev nebūtu cits kas jāaizstāv?
MAIJA Es domāju, ka tu Fridu mīli un tādēļ par viņu tā dusmojies. — Bet es nerunāju par Fridu vien, es runāju par visām.
HEILS Nu jā, laiks tev būtu runāt un aizstāvēt ko citu, — sevi.
MAIJA Jā, mīļo Viktor, runāsim par sevi: es adu pūram skaistas mantas, tev būs koša rakstīta josta. Nāc, es tev parādīšu.
(Pieskaras viņam, viņš atkal nokrata viņas roku.)
HEILS *(Atņem rokas no galvas; aptausta savu cirvi aiz jostas.)* Ha,

ha, — vai tu iedomājies atkal reiz par kāzām? Ar kuru tad tu nu precēsies? Kad tad rīkosi kāzas? Vai uz Miķēļiem, kā mēs reiz bijām runājuši?
MAIJA Vai! cik tu briesmīgs! Kā tu runā? — Noliec jel to cirvi nost! Ko tu viņu tā grozi rokās? Man tik pretīgi tie asins rīki.
HEILS Nu, nu — es jau tev necirtīšu.
(Noliek cirvi nost.)
MAIJA Tā labi! Un nu neesi tik bargs! — Es tevi mīlu, tu zini. Es neviena neesmu vēl mīlējusi. Es pirms nezināju, kas ir mīla. Tu teicies pats ticam, ka tevi mīlu, — ko tu tagad tā runā?
HEILS *(Klusu ierūcas.)*
MAIJA Nu rīkosim kāzas uz Miķēļiem, un dzersim trīs dieniņas, trīs naksniņas! lai dancoja panāksnieki!
HEILS *(Atkal klusi iesmejas.)*
MAIJA Bet kāda būs mūsu kopdzīve laulībā, kad jau tagad es nevaru dzīvot aiz tavas greizsirdības? Kad es nezinātu, ka tu mani mīli un ka es tev esmu vajadzīga, — tad tava greizsirdība būtu nokāvusi manu mīlu. Mūsu dabā ir mīlēt un tapt mīlētai, bet mēs tādēļ nenīstam citus. — Nu, lūk, es tevi ar visu tomēr mīlu, es tevi mīlu, mans mīļais, labais! Tu taču arī esi labs, tev tikai reizēm uznāk mākons. Es tevi mīlu.
(Viņa uzliek viņam roku uz galvas.)
HEILS *(Nenokrata viņas roku šoreiz.)* To saka katra.
MAIJA *(Dedzīgāk, bet arī skumjāk, redzēdama, ka viņš nomierinājas.)* Neviena tevi tā nemīlēs kā es. Ta neviena nespēj mīlēt kā es. Es nāku ne no šīs pasaules. Varbūt tu reiz redzēsi, cik bezgalīgi es tevi mīlu. Kad es uz to padomāju, man tiek grūta sirds, Gribētos atkal nebūt, kā jau agrāk nebiju. Man bailes, man bailes, kad tikai nebūtu par vēlu, kad tu to redzēsi?
HEILS *(Iesmejas klusi.)* Vai tik ko tamlīdzīgu neteica arī Frida? nupat prom aizejot.
MAIJA *(Uzbudinādamās.)* Ak, ak! Es neesmu Frida! Tu mani nesaproti. Tu dzeni mani projām, un nezini pats, kā.
(Viņa aizgriežas no viņa nost.)
HEILS *(Piepešā uzliesmojumā, pieceldamies un pieiedams Maijai.)* Nu tad taisīsim kāzas — tūliņ rīt! — Tad es tev ticēšu.. Tad es ticēšu visu. Tad es neprasīšu nekā.
(Saņem viņu aiz rokas.)
MAIJA Vai, kā tu aplam runā: rīt! To taču nevar. Tu taču pats. saproti.
HEILS *(Atkal saīgdams.)* Nu, lūk: nevar! — Nekad nevar. Aizvien tu

atliec kāzas; kāds tev ir iemesls? Ko tu domā? Ko lai es domāju?' Es tev to prasu vienmēr.
MAIJA *(Negriboši.)* Atlieku tādēļ, ka man pūrs nav gatavs.
HEILS Man nevajaga tava pūra, — man vajaga tevis.
MAIJA Es tev arī prasu vienmēr: vai tad tu būsi mierīgāks pēc kāzām?
HEILS Tas no tevis atkarāsies.
MAIJA Nu, lūk! — Nekad tu nebūsi mierīgs. Tu mani nomocīsi līdz nāvei. Cik man tā spēka jau tagad? Es nogurstu uz dienu dienām no tāda uztraukuma kā šodien atkal.
HEILS Tā kā šodien! Ak! — Nu jā, šodien, kas tad bija? Nē, nē, — neprasīšu; tu jau negribi, ka prasu. *(Viņa izteiksme top glūnoša.)* Bet saki vismaz to, vai tiešām pūra dēļ tu atliec kāzas? Nu saki man to no sirds.
MAIJA *(Nokaunējusies, pussmiedamās.)* Nevaru teikt, — man kauns.
HEILS *(Atkal vēsi un nikni.)* Tā, tā! Tur tev kauns.
MAIJA *(Sabijusies.)* Tu atkal sāc dusmoties. Ak, cik varmācīgs tu esi! Tu neļauj man ne mazāko brīvību, ne mazāko savu patību, ne mazāko sievišķa noslēpumu!
HEILS *(Piepeši atkrizdams atpakaļ savā uzbudinājumā un dziļāk tanī ierakdamies.)* Dzirdu, dzirdu — brīvības tev vajaga. Vienmēr tu mini savu brīvību. Bet sievai nevajaga nekādas brīvības, viņas brīvība ir pie vīra un vīra azotē. Bet, kad tev tik dārga ir brīvība: aiziet prom no manis, tad ej tūliņ pie sava poļa! Tas ļauj sev brīvību un ļaus arī tev!
MAIJA *(Aizbēgdama no viņa prom; izbailēs.)* Vai! vai! vai! Nu nāk viss atkal atpakaļ! Un es biju domājusi, ka tu jau esi nomierinājies un atkal labs ar mani!
HEILS Labs es esmu ar tevi, bet kāda tu esi? Kas tad tas bija nupat ar to poli? *(Mākslīgi apmierinādamies.)* Tu redzi, es labs, es neprasīju par to, es ar varu apspiedu savu rūgtumu. Bet nekas taču nav skaidrs starp mums. Tu nekā neatbildi. Tev ir visādi noslēpumi.
MAIJA *(Aizklādama rokām acis.)* Vai! Atkal, atkal, atkal! — Ak, cik briesmīgs tu esi!
HEILS Briesmīgs, briesmīgs! — Un tas nebija briesmīgs, ko es redzēju? Svešs vīrietis, pazīstams neģēlis, izbēdzis zaldāts — sagrābis manu līgavu, manu sen saderētu līgavu, pacēlis to klēpī un skūpsta! — Un skūpsta to, ko es ar visām savām līgavaiņa tiesībām nekad vēl nebiju uzdrošinājies skūpstīt! — Vai tā nebija mana cienība pret tevi? pret sievieti kā tādu? Vai tā cienība nav arī brīvība? Kādas citas brīvības tev vajaga? Vai tādu cienību tu

nedomā, kad runā, ka sievietei vajagot cienības no vīra? Kādas cienības tad tev vajaga? — Atbildi!
(Viņš satvēris Maiju aiz rokas.)
MAIJA Vai! kā tu man roku žņaudz!
HEILS Es nelaidīšu tevi vaļā! Atbildi! Atbildi šoreiz par visām reizēm. Neizvairies.
MAIJA *(Rauj roku no viņa rokas.)* Laid! laid! nežņaudz!
HEILS Vai tev labāk patika, ka viņš tevi žņaudza?
MAIJA Labi. Es tev teikšu visu, kā bija, kaut gan man kauns stāstīt.
HEILS Saprotu, saprotu.
MAIJA Nekā tu nesaproti. — Tad klausies. Viņš: kareivis, karā viņa straujā daba tapusi rupja. Bet viņš ir spējīgs uz labu. Viņš solījās nedzert un nespēlēt, un neblandīties. Viņam nav neviena cilvēka, kas viņam tic un kas viņu paceļ. Visas skrej viņam pakaļ, tik es ne. Viņš cerē, ka es viņu varēšu glābt. Viņa dzīvība atkarājas no manis. Tā viņš saka.
HEILS *(Rūgti smejas.)* — No tava skūpsta! — Kad viņš tevis nevar dabūt, tad viņš nevar dzīvot! Ha, ha, ha! —Kad tevis nevar klēpī ņemt, tad nevar dzīvot!
MAIJA Nav tā! nav tā! — Nebija nekādas klēpī ņemšanas. — Viņš tikai teica — man kauns to atstāstīt.
HEILS — Atstāstīt kauns, darīt nav kauns.
MAIJA Nekāda kauna mēs nedarījām.
HEILS Ak tā, jau jūs kopīgi!
MAIJA — Viņš tikai teica: es esot kā eņģelis debesīs — un manas kājas skūpstīt — un es viņu līdzi pacelšot uz debesīm — viņš pieturēšoties pie manas drēbes zemākas vīles — lai es glābjot viņu.
HEILS Un tu gatava katru glābt! par tavu kāju skūpstīšanu! Par tavas mutes skūpstīšanu! Es neredzēju, ka viņš tavas kājas būtu skūpstījis.
MAIJA Neskūpstīja, neskūpstīja! — Ne kājas, ne vēl muti! — Viss bija garām! — Viņš tik tā teica.
HEILS Viņu tu gatava glābt, kas par tavu glābšanu tikai smejas. Kam glābšana ir tik izruna priekš vieglprātīga, negudra sievišķa! Kam vajaga gluži kā cita nekā glābšanas, kam vajaga tevis. — Un es? un es? un es?
MAIJA *(Piesteigdamās viņam klāt un viņu apskaudama.)* Mans mīļais, mans mīļais! — Tu vēl vairāk nekā viņš! — Tu, tu.
HEILS *(Rupji viņu atgrūž.)* Nemini mani vienā mutē ar viņu! Es neesmu tas, kas viņš! Es esmu godīgs un krietns cilvēks.
MAIJA *(Uztraukumā, neatlaizdamās tur viņu apskautu un*

piespiežas viņam jo vairāk.) Mīļais! mīļais! mīļais!
HEILS Nespiedies manim klāt! Tu domā mani tāpat uzvarēt kā viņš tevi — ar ciešu apskaušanu un klēpī ņemšanu, un gaisā celšanu! *(Viņš lūko no viņas atsvabināties.)* Tu mani nelaid vaļa tāpat ka viņš tevi! Tu gribi mani varbūt tāpat skūpstīt kā viņš tevi! Fui! — Ej! *(Viņš atgrūž viņu nost.)*
MAIJA Mīļais, mīļais! — Viss bij garām! — Mīļais!
HEILS Ko tu melo! — Tu riebums! Tu vērts esi, nevis ka tevi ceļ debesīs, bet ka tevi sviež ellē! — No šī augstā torņa zemē, tur tanī melnā gravā! — Tur tanīs Gaujas dziļos atvaros! — Tur tava vieta!
MAIJA *(Bēg, sauc.)* Vai! glābjat!
HEILS Kas tevi lai glābj? Ko tu sauc? Vai viņu? vai viņu? Brauc tad pie viņa! Viņš tevi jau gaida!
(Viņš strauji saķer Maiju un nes uz loga pusi.)
MAIJA *(Ļaujas, nāk viņam pretī.)* Ņem mani un svied lejā, dziļumā! Nebēgu no tevis, es tava esmu visa. — Vai šodien vai rīt. — Es sen to paredzēju.
HEILS *(Pienesis viņu pie loga un izkāris laukā, apstājas un atkāpjas ar viņu no loga; ievaidas.)* Ah!
MAIJA *(Smaida viņam pretī, meklē viņa skatu.)* Mans mīļais! mans mīļais! — Paskaties uz mani! Paskaties vēl pēdējo reizi! — es labprāt mirstu! —
HEILS *(Piepeši noliek viņu zemē.)* Ar šo pašu dievišķo smaidu tu viņam smaidīji! Ar šīm pašām lūpām tu viņu skūpstīji!
MAIJA Nē, nē, nē! Nevienu es neesmu vēl skūpstījusi!
HEILS Tu melo! tu melo! Melo! Lejā tavs ceļš! Tomēr! *(Viņš viņu sagrābj atkal un aši pieskrej pie loga.)*
MAIJA Tā labi! — Laid mani lidināties! — Tā es reizi nolidinājos kā dvēsele no debesīm uz zemi. Mani tad nolaida mazi eņģelīši, tagad nolaiž mans mīļais.
HEILS Lejā! lejā tavs ceļš! Kaut tu runātu eņģeļu mēlēm.
MAIJA Mans mīļais! — Šīs lūpas es glabāju priekš tevis tik svaigas un skaidras, un jaunavīgas kā rožu ziediņu ar visiem dzidriem, neaizskartiem rasas pilieniņiem. Es laidīšos lejā dziļumā un tumšumā un nejutīšu tavas dvašas siltumu un mīļumu, — no aukstuma un nakts es nāku, un aukstumā un naktī es atkal eju, — es taču redzēju tevi kā saules stariņu, kaut arī nesildīja mani mana saulīte — ak! — bet tev, mans mīļais, nebūs palikt bez siltuma, — pats mazākais lai tev top — kaut siltuma nojauta, kaut atmiņa mīļuma! Lai tev būtu vieglāk dzīvi nest! — Lai tev būtu piemiņa no manis, kad tev manis nebūs!

HEILS *(Svaidās atkal.)* Vai! vai!
MAIJA Nevaidi, mans mīļais! — Lai tu nekad nevaidētu bez manis!
HEILS *(Iedrebas, atkāpjas soli un atkal iet uz priekšu, pie loga.)*
MAIJA Še mīļais! Ņem šo pirmo un pēdējo manu skūpstu! Sūc no manām lūpām nojautu no siltuma! atmiņu no mīļuma! — Sveiks! mans mīļais! mans mīļākais!
HEILS *(Strauji aizgriežas no loga, streipuļodams aizsteidzas uz krēslu un atsēstas.)* Maija! Maija! Maija! mana! mana! Dzīvosim! *(Viņš skūpsta viņu.)*
MAIJA *(Nolec no viņa klēpja.)* Ak! — Būtu labi bijis tā — visam beigas!
(Viņa aizliek rokas acu priekšā un sāk raudāt.)
HEILS *(Piepeši jautrs.)* Dzīvosim, dzīvosim! Tu esi mana! Tu mani glābi! Man tevis vajga!
MAIJA *(Skumji.)* Jā, tev manis vajga. — Dzīvosim, dzīvosim, — ak!
HEILS Es tapšu gluži citāds cilvēks!
MAIJA *(Atminēdamās satrūkstas.)* Gluži citāds cilvēks. —
HEILS *(Satrūkstas ar, bažīgi.)* Kas tev ir, mana mīļā! Mans eņģelis! Mans sarga eņģelis!
MAIJA Nekas, nekas! — Sāksim nu atkal dzīvot!
HEILS *(Atkal uzliesmo jautrībā.)* Dzīvosim! dzīvosim! Tu mana laime! Tu mana saulei
MAIJA *(Ņem viņu aiz rokas.)* Dzīvosim!

Priekškars

Otrais cēliens

Pirmā aina

Krodziņš pie pils pagalma, klinšu nokārēs.

Pirmais skats

Jakubovskis. Kroga meita.
JAKUBOVSKIS *(Ienāk un apsēstas pie galdiņa, neapsveicinādamies ar kroga meitu, kura viņam laipni nāk pretī.)* Vīnu!
KROGA MEITA Sveiki, sveiki! junkura kungs! *(Sniedz viņam roku, kuru tas nesaņem.)* — Vai jūs negribat, ka es jums dodu roku? Nu tad še! Došu jums muti.
JAKUBOVSKIS *(Nogriežas.)* Vīnu!
KROGA MEITA *(Atnes vīnu, ielej un dzer pati.)* Nu, esat jel cik necik laipnāks, junkura kungs! — Vai jūs vakardienu jau aizmirsāt?
JAKUBOVSKIS Ko tu runā? Ko tu gribi?
KROGA MEITA Vakar jūs citādi runājāt. Vakar jūs bijāt tas, kas grib. — Kas jums šodien noticis?
JAKUBOVSKIS Nekas nav noticis, gar ko tev būtu daļa.
KROGA MEITA Ak tā! Un vai tas, kas vakar notika, bija bez manas daļas?
JAKUBOVSKIS *(Nemierīgi sakustas un dzer mazdrusciņ.)*
KROGA MEITA Vai, varbūt, paspēlēta visa nauda uz kauliņiem? Dzer uz krīta! — Nu dzer ij bez krīta! — Es pienesīšu tev vīnu bez maksas! — Es pienesīšu tev sevi pate —
(Atsēstas viņam klēpī.)
JAKUBOVSKIS *(Atbīda viņu nost.)* Kur ir Skudrīts? Pasauc viņu!
KROGA MEITA Nu tev būs apcelta kāda cita meita. Es jau redzu, kas te notiek. — Es gribu ar tevi izrunāties netraucēta. Atnāc šodien, pusdienā, kad visi guļ, — tu zini, — turpat —
JAKUBOVSKIS *(Atkratās no viņas; nepacietīgi.)* Pasauc Skudrīti!
KROGA MEITA Labi, labi! — Skudrīti! Eh, Skudrīti!

Otais skats

Ienāk Skudrītis. Tie paši.
SKUDRĪTIS *(Smiedamies.)* Te jau es esmu!
JAKUBOVSKIS Ko? tu tepat biji un noklausījies, bet nenāci, kad tevi sauc? Ko?
SKUDRĪTIS Nu, nu, nedusmojies! — Es jau gribēju teikt nevis — te es esmu, bet — te es nāku.
JAKUBOVSKIS Kā? Tu klausījies un vēl liedzies?!
(Uzlec kājās un ķer pēc zobena makstī.)
SKUDRĪTIS Klus! Klus! nesit vis mani. Tev ir cits sitamais, es jau zinu.
KROGA MEITA Kas tas tāds?
JAKUBOVSKIS Ej! Tev te nav jāklausās. Mēs gribam būt divi vien!
KROGA MEITA Aha! Sakāvušies! — Dēļ kādas meitas.
JAKUBOVSKIS *(Paskatās uz viņu padobji.)*
KROGA MEITA Labi, labi — es jau eju.

Trešais skats

Jakubovskis un Skudrītis.
JAKUBOVSKIS *(Lādas, kratīdams Skudrīti.)* Trejdeviņi sātana zibeņi! Nolādēta! Pašā elles dibenā! — Bet es tevi grābšu! Sveikā tu man neiziesi!
SKUDRĪTIS *(Atkratīdamies no viņa un sniegdamies pēc vīna.)* Paga, paga! — Velns lai viņu rauj! — Ļauj man papriekšu — iedzert. Gluži sausa mute, tev pakaļskrienot.
JAKUBOVSKIS *(Paklusu.)* Vai tiki klāt? Vai pateici Maijai, ka man ar viņu steidzīgi jārunā kas ļoti svarīgs?
SKUDRĪTIS Teicu, teicu! kā tad nu neteikšu? — Tiku klāt, — kā tad nu netikšu.
JAKUBOVSKIS Nu?
SKUDRĪTIS Viņa ir gan zelta paņenka! Tādas vairs nav; tā ir kā eņģelis — —
JAKUBOVSKIS Ko tu, muļķis, zini? — Nu, kas? Ko viņa teica?
SKUDRĪTIS Es zinu gan, kaut arī esmu muļķis.
JAKUBOVSKIS *(Nemierīgi sakustas un uzlūko viņu.)*
SKUDRĪTIS — Viņa jau pati esot par to padomājusi — un esot runājusi ar Fridu — un Frida ar tevi — ar jums runāšot, viņa būšot pirms pusdienas tanī graviņā — viņai kas svarīgs jums ko teikt.

JAKUBOVSKIS Ko tas nozīmē? Kas viņai jārunā ar Fridu? Es gribu runāt ar viņu pasu, ne ar Fridu.
SKUDRĪTIS Jā, es nezinu, ko tas nozīmē. Tikai viņa, panna Maija, bija ļoti laipna un smaidīja un —
JAKUBOVSKIS *(Paklusu.)* Ko? viņa gan smejas par mani? Viņa mīl taisīt jokus. — Viņa grib mani pataisīt traku? — Bet es viņu dabūšu rokās! Pie velna! es viņu dabūšu! — Tam Heilam vajga pazust!
SKUDRĪTIS *(Skaļi.)* Jā, tam Heilam vajga pazust!
JAKUBOVSKIS Klusi, muļķi!

Ceturtais skats

Tie paši. Ienāk vairāki kareivji un virsnieki. Katra grupa atsēstas atsevišķi. Ienāk kroga meita un apkalpo tos.
JAKUBOVSKIS *(Sasveicinās ar virsniekiem, bet neielaižas sarunās; atsēstas atkal pie galdiņa; Skudrītis atsēstas tālāk nost no viņa.)* Sveiki! Sveiki! Sveiki!
KĀDS VIRSNIEKS NO ZVIEDRIEM Standartjunkura kungs nav labā omā.
CITS VIRSNIEKS Ne mūsu daiļā vīnanesēja Grietiņa to nevar uzjautrināt.
PIRMAIS Nesauc taču viņu par Grietiņu! tā jau ir panna Malgožata. — Panna Malgožata, pieliekat pie mana vīna kausa savas rožu ziedošās lūpiņas, kas ir sārtākas par vīnu un karstākas —
JAKUBOVSKIS *(Sniedz viņai pretī savu kausu.)* Karstākas par bises degli.
PIRMAIS VIRSNIEKS Standartjunkura kungs, kā jūs iedrošinājaties jaukties manā sarunā?
JAKUBOVSKIS Tā es iedrošinājos, virsnieka kungs, — palūkojat! — Malgožata, parādi, kā šauj tevis aizdegtā bise!
KROGA MEITA *(Bailēs.)* Junkura kungs! junkura kungs!
JAKUBOVSKIS Pasit viņa kausu un nāc pie manis!
KROGA MEITA *(Atmet virsnieka izstiepto roku ar kausu, vīns izlīst; viņa aizsteidzas pie Jakubovska.)*
JAKUBOVSKIS Man dod savas lūpas!
KROGA MEITA *(Apskauj viņu, bet Jakubovskis aizgriežas un atbīda viņu nost.)*
JAKUBOVSKIS Vai jums pietiek ar atbildi, virsnieka kungs?
PIRMAIS VIRSNIEKS *(Uzlēcis un saķēris zobena maksti, rauj ārā zobenu, tuvodamies; Jakubovskim.)* Es jūs uz vietas pārmācīšu.

(Vispārējs liels uztraukums.)
OTRAIS VIRSNIEKS *(Metas viņam pakaļ un pieaicina pārējos virsniekus, kas attura pirmo.)* Mierā! mierā! laid viņu! — Nāc, iesim prom!
PIRMAIS VIRSNIEKS Es viņu gribu pārmācīt, to poļu nelieti! To pārbēdzēju! to nodevēju!
JAKUBOVSKIS *(Palicis mierīgi sēdot, apskauj ar vienu roku kroga meitu, kaitinādams savu pretinieku.)* Ko jūs, virsnieka kungs, varat mani pārmācīt, kad pats nemākat vēl reglamenta: — mums ir stingri aizliegts kauties! Un otrkārt! stingri aizliegts paasināt attiecības starp dažādu tautību virsniekiem un kareivjiem. — Vai jums nu reiz pietiek?
PIRMAIS VIRSNIEKS *(Tiek atturēts no saviem biedriem, raujas uz Jakubovski, bet tiek aizvests projām.)* Tu poļu kakla rāvējs! Tu karalauka laupītājs!
JAKUBOVSKIS *(Smaidīdams.)* Vienu sirdi jums nolaupīju, virsnieka kungs!
VIRSNIEKS Tu netiklis! Tu netiklis! Tu meitu goda laupītājs!
JAKUBOVSKIS Jūs, virsnieka kungs, esat mācījies visās smalkās parašās. — Sveiki, virsnieka kungs!
VIRSNIEKS Pārbēdzējs! pārbēdzējs! pārbēdzējs!*(Tiek aizvests prom. — Izraujas un atskrej atpakaļ; pret Jakubovski.)* Tu esi liels uz kaušanos, bet tevi Heils izkāva, un tad tu aizbēgi prom no dārznieka zeļļa! no zemnieka! no baura aizbēgi!
(Viņš aši aiziet.)
JAKUBOVSKIS *(Uzlēcis un izrāvis zobenu no maksts.)* Stāvat! — dodat man gandarījumu!
OTRAIS VIRSNIEKS Mierā, kungi! Mierā!
(Virsnieki sastājas starpā ķildotājiem; pirmais virsnieks tiek aši aizvests prom. Viņš aiziet, uzvaroši smiedamies. Visi virsnieki projām.)

Piektais skats

Tie paši bez virsniekiem.
JAKUBOVSKIS *(Ar zobenu sizdams uz galda.)* Man jādabū gandarījums! — Jādabū gandarījums! Tie nolādētie! — Sātans un zviedris! Es gan to bandu sakratīšu!
SKUDRĪTIS *(Pievirzās atkal Jakubovskim klāt.)* Mēs viņus sakratīsim, tos velnus! — Jā, bet kā?

KĀDS SERŽANTS *(No vietējiem.)* Tie zviedri ir pārāk lepni un augstprātīgi! — Nav jau. viņi vien ne virsnieki, ne kareivji! Nekad jau nebūtu poļus padzinuši, kad mēs nebūtu bijuši viņu karotāji! Nu viņi gatavi katru apvainot, kas nedara viņu prātu.
SKUDRĪTIS *(Apsēžas atkal blakus Jakubovskim.)* Bet ko tu izdarīsi? Netiek jau viņiem nekā klāt. Labi, ja vēl panam Jakubovskim tāds spēks kā nevienam visā. pasaulē. No pana visi baidās. Bet ko tad var darīt tam pašam Heilam? Sūdzēt panam Šildhelmam nevar, tas lauzis kāju un guļ gultā.
KĀDS KAREIVIS, VIETĒJAIS *(Jokodams.)* Nu, sūdzi madamai, tā jau valda kunga vietā.
SKUDRĪTIS Sūdzi nu, sūdzi, kad paņi aizstāv Heilu un Heilego kochanku.
JAKUBOVSKIS *(Kurš sēdējis saīdzis, ierūcas.)*
SKUDRĪTIS *(Piepeši saraujas un apklust.)* Es jau nekā, — es tik tāpat. —
KĀDS KAREIVIS *(Zobojoši uz Skudrīti par viņa poļu izteicieniem.)* Neaiztiec Heilego kochanku, tā jau ir Heila līgava Maija. Tad jau labāk aiztiec pašu Heilu, kad nav bailes.
SKUDRĪTIS Bailes, nē! Mums nav bailes ne no kā.
KAREIVIS Jums nav bailes, bet tev gan. Vai tad nebūtu varējis tam, Heilam slepeni maitāt kādu locekli.
SKUDRĪTIS Būtu jau, būtu — es jau teicu — bet dabūs zināt —
CITS KAREIVIS Dabūs zināt un tad jūs atlaidīs, un poļi jūs ņems pretī tikai cietumā.
SKUDRĪTIS Mēs, panove, iesim tālāk —
CITS KAREIVIS Panove, panove! — Kas jūs par paniem un kungiem!
VEL CITS Kad šie panove bija pie mums par kungiem, tad bija vēl sliktāk nekā ar zviedriem. Zviedri taču zemnieka cilvēku atzīst par cilvēku, bet kā tad poļu kungi?
JAKUBOVSKIS *(Ierūcas.)* Bidlo vien esat!
KĀDS KAREIVIS Tu dzirdi! Bidlo! — tie ir lopi, zemnieks, tas nav cilvēks, bet lops!
JAKUBOVSKIS *(Uzsit ar dūri uz galda.)* Klusēt! — Malgožata — vīnu!
KROGA MEITA *(Atnes vīnu un piestājas pie viņa klāt, viņu mierinādama.)* Ko tu nu tā dusmojies par tiem! Ko tie var tev padarīt? Tie baidās visi no tava spēka. Tu esi tas valdnieks.
SKUDRĪTIS Viņa labi saka: tu, pan, jasnoveļmožni!
JAKUBOVSKIS Kur paliek panna Greifovna? Viņa taču nāk katru

dienu pēc vīna priekš vecā Greifa?
KROGA MEITA *(Īdzīgi.)* Kas tev no tā tiek? Pie tevis jau viņa nenāk. Te nāk citas meitas, skaistu-skaistās, izvēlies no tām. Tūliņ jau būs klāt, ap šo laiku tām jānāk. Ko tu tanī Maijā ieēdies? Nav jau viņā nekas sevišķis, meita kas meita, vai mēs citas neesam skaistākas? Bet es zinu: viņa tevi atstumj, un nu tu aiz dusmām nezini, kur dēties. Gudra viņa ir. Jo mazāk tev dod, jo labāk ir, bet es tevi par daudz labi turu, un nu tu mani ne par ko neieskati — — bet es —
JAKUBOVSKIS Klusi jel! ak, tavu garu runāšanu.
KROGA GRIETIŅA Tur nāk jau muižas meitas. Nu tu varēsi sev izmeklēties pēc patikas.
JAKUBOVSKIS *(Īdzīgi.)* Ej!

Sestais skats

Ieskrej bars meiteņu, lielākā daļa ar krūzēm; viņu starpā arī jauni puiši un citi muižas ļaudis, nākdami pēc alus un vīna.
MEITENES *(Izdalās pa visu pagalmu, noliek krūzes pie kroga galda pildīšanai, dzenājas pa pagalmu, jokojas ar kareivjiem un ļaudīm, dzied šur tur. Dzied.)*
Pusdiena, pusdiena,
Dzen ļaudis kopā!
No lauka, no darba,
No malu malām!
PUIŠI *(Dzied.)* Pusdiena, pusdiena,
Dod gārdu ēdienu, —
Dod vēl gārdāku Skūpstāmu meitiņu.
MEITAS *(Dzied.)* Pusdiena, pusdiena,
Dod mūsu puisīšiem. —
Ēdamu kauliņu,
Skūpstāmu telīti!
PUIŠI *(Dzied.)* Pusdiena, pusdiena,
Dod mūsu meitiņām
Skābu putriņu,
Skābus puisīšus.
MEITAS *(Dzied.)* Pusdiena, pusdiena,
Dod mums pamieru,
Meitām un puisīšiem
Mīlīgi runāt.
ĻAUDIS *(Grupās sastājas un dalās, tērzē, dzer un ēd, dzied.)*

Septītais skats

Ienāk zviedru leitnants, drusku iereibis, aizskar meitas, kuras no viņa vairās, bet baidās tam pretoties.
LEOTNANTS Visas meitas manas; kuras gribu, tās ņemu!
(Satvēris meitu un skūpsta to.)
MEITA Leitnanta kungs, laižat mani! Man nav laika, man jānes alus manam kungam.
LEOTNANTS *(Neatlaiž viņu.)* Man ir laika, un tev priekš manis arī jābūt laika!
MEITA *(Iekliedzas.)* Vai, kungs leitnanti
JAKUBOVSKIS *(Uzlec kājās un piesteidzas pie leitnanta.)* Jūs laidīsat meitu tūdaļ vaļā — vai es jūs —!
LEOTNANTS *(Izrauj zobenu.)* Es jums rādīšu! Es jūs pārmācīšu!
JAKUBOVSKIS Tad jums, leitnanta kungs, jāieņem augstāks stāvoklis, lai mūs pārmācītu. Es jums būšu tur piepalīdzīgs.
(Viņš sagrābj leitnantu un to uzsviež uz augstāku klints šķautni.)
LEOTNANTS Vai! vai! glābjat! — Jūs darāt varas darbus. Jums par to būs jāatbild!
(Leitnants neveiklā stāvoklī, bailīgi lūko tikt zemē.)
ĻAUDIS *(Smejas.)* Leitnanta kungs paaugstināts par virsleitnantu! — Polis labāks cilvēks: palīdz savam tuvākam! — Kas augsti lec, tas zemu krīt! — Leitnants kāpj pēc saules meitām, — viņam zemes meitas par vienkāršām! —
LEOTNANTS *(Norāpies zemē, uz Jakubovski.)* Es jums rādīšu! Jūs sodam neizbēgsat!
JAKUBOVSKIS *(Ironiski.)* Leitnanta kungs, jūs pirmais zobenu vilkāt! Tas stingri aizliegts! Jūs pats varat krist sodā. Es pret jums zobenu nepacēlu. Es jūs pašu tikai pacēlu.
LEOTNANTS *(Aši aiziet draudēdams.)* Jūs visi mani pieminēsat.

Astotais skats

Tie paši bez leitnanta.
ĻAUDIS Tas bij labi darīts! — Tas kundziņš labi izjokots! — tas vairs neaizskars mūsu meitas!
MEITENES *(Viena caur otru.)* No viņa nezin, kur glābties! — Līp kā dadzis pie baltas vilnas! — Un kad vēl būtu cik necik glītāks! — Tāda nejauka smaka no mutes! — Tu jau gan zini to! — Un vai tu nezini?

KROGA GRIETIŅA Jums visām jāpateicas tikai Adama kungam, ka jūs atsvabināja no tā neveikļa.
MEITENES *(Griežas pie Jakubovska un aplido to.)* Mūsu Adamiņam var dot mutes! — Mūsu Adamiņš! — Jā, mūsu Adamiņš ir brašs puisis. — Apmīļosim mūsu panu! — Bet kas par stiprinieku! —
KĀDS NO PILSĻAUDĪM Lai taču viņš izmaksā vīnu un saldumus, naudas viņam pietiek. — CITS Diezgan salasījies no dzīviem un no mirušiem, kara laukos.
KROGA GRIETIŅA Skaudībai nav grašu, ko izmaksāt.
KĀDAS BALSIS Taisnība! Kad tik ir ko izmaksāt graši, kā tie dabūti, alga viena. — Zagt nav grēks, kad tik nepieķer. — Nav grēks ņemt naudu no katra, kad tas pretī nerunā. — Padari pirms vīru mēmu, tad ņem, cik gribi. — Lielceļš garš un plats, naudu var atrast. —
JAKUBOVSKIS *(Ciniski.)* Lupatlaši, ko drīkstat man teikt? Kurš ir redzējis, ka es laupu? Jūs jau es neaplaupīšu, jums nekā nav, — jums azotē ne nauda, bet kukaiņi.
MEITENES *(Smejas.)*
KĀDA NO MEITENĒM Kurš neietu arī labprāt laupīt, ja būtu dūša?
KROGA GRIETIŅA Kara laiks. Karā gūta manta nav vēl laupīšana.
BALSS NO ĻAUDĪM Nav jau vairs karu! — Miera laikā nedrīkst laupīt.
JAKUBOVSKIS *(Smiedamies.)* Kurš prot uzdziedāt manu dziesmu?
SKUDRĪTIS *(Pusdejodams, pusdziedādams.)* Dūšīgam nauda,
Meitas un bauda,
Dūšīgam vīns,
Gļēvais stāv grīns.

Devītais skats

Parādās skatuves galā aiz ļaudīm Maija.
ĻAUDIS *(Kas tuvāk Maijai, apklust, citos uztraukums, kura cēloni nesaprot priekšā stāvošie. Klusi.)* Klusāk, klusāk! — jūs tur!
ĻAUDIS *(Skatuves vidū, viens caur otru, klusi.)* Pils sekretars? — Nē, nē, pati kundze! — Pārraugs? — Cit! cit!
JAKUBOVSKIS *(Kurš sēdējis izlaidies, bramanīgā pozā, piepeši uzlec un atbīda no sevis meitas; nobijies klusina apkārtējos.)* Klusu! Klusu! — Nāk priekšniecība! BALSS NO ĻAUDĪM Sabijās lielais varonis! — Kad tik priekšniecība nepadzen no vietas!
ĻAUDIS *(Smejas.)* Ta ta pans! — Ta ta pans!
CITAS BALSIS NO ĻAUDĪM Ah! Maija! Maija! — Klusu! — Klusu! —

Ko jūs sabijāties?
MAIJA *(Panākusi uz priekšu, rokā nesdama kannu, uz ļaudīm.)* Ko jūs tā satrūkāties?
KĀDA BALSS Mēs domājām, ka nāk sekretars vai kundze.
AGRĀKA BALSS No kā tad sabijās un aizbēga varonīgais poļu pans? No sievišķa.
ĻAUDIS *(Atkal smejas vēl skaļāk.)*
KĀDA BALSS Paņe, bēdz! paņe bēdz! — Panove do ļasa! — bēdz krūmos!
JAKUBOVSKIS *(Dusmās par savu izbīšanos.)* Psia krev! — Klusat, jūs nelieši! Kas te ko smieties! *(Savaldīdamies un vērsdams situaciju sev par labu, tuvojas Maijai, dziļi klanīdamies.)* Ļoti cienītā jaunkundze! Atļaujat jūs apsveicināt kā pavēlnieci! — Visi ļaudis godbijīgi apklusa, jūs ieraugot. Mēs sabijāmies, ka jūs mūs pārsteidzāt pārāk vaļīgās sarunās. Mēs atvainojamies jūsu priekšā.
KĀDA BALSS Viņš sabijās, domādams, ka nāk priekšniecība un viņu pārmācīs par nepiederīgu uzvešanos vai pat padzīs.
MAIJA Atvainojot jūs, leitnanta kungs, ka es traucēju tik jautrā sabiedrībā. Es tiešām negribēju nodzīt jaunkundzes no jūsu apskāvieniem. Es nācu tikai pēc vīna pie Grietiņas jaunkundzes.
JAKUBOVSKIS Nezobojaties, Maija. Es jūs dievinu! Es jūs dievinu! *(Viņš nometas uz vienu celi.)*
MAIJA Es redzu, jūs mīlat jokus, leitnanta kungs. Bet tie joki ir diezgan parasti. — Sveiki, leitnanta kungs, jokojat tālāk. *(Aizgriežas un taisās iet.)*
JAKUBOVSKIS Neejat, neejat projām! — Es nejokošu vairs. Es jums solījos. Tas bija tikai nejaušs gadījums, ka tās meitenes, —. tās jaunkundzes še sanāca un mani apstāja. Es viņas izglābu no nepatikšanām.
KĀDA NO MEITENĒM Jā, jā, pans Adams mūs pasargāja no viena virsnieka uzmācības.
CITAS Jā, jā, tā ir taisnība. — Mēs viņam pateicāmies.
MAIJA Es jau jūs negribu traucēt. Turpināt pateikties!
JAKUBOVSKIS Maija, jūs man neticat. Jūs domājat, ka es atkal palicis par dzēraju un izklaidnieku. — Es jums pierādīšu, ka jūs maldāties. Un jūs redzēsat, ka esmu labāks, daudz, nekā jūs par mani domājat. Tūlīt pierādīšu. Klausāties, jaunkundzes! — Nu, jūs meitieši! vai dzirdat ar, kad jums saku!?
MEITENES *(Sastājušās aiz viņa.)* Nu, nu! — Saki, saki!
JAKUBOVSKIS Jūs visas, kas man spiežaties klāt! Kas mani apstājušas kā bites medu! Jūs visas, kuras esmu apsargājis un

kuras jūs man ceļat ļaunu slavu pie manas sirds karalienes, uz kurām viņa ir greizsirdīga, — jūs visas es atlaižu no klausības man! Jums visām nav man vairs jākalpo ar laipnību un padevību! Es nepieņemšu vairs nevienas mutes, neviena glāsta no jums!
MEITENES *(Viena caur otru.)* Kas kais Adamiņam? — Ko tu tā ārdies? — Vajaga viņu apmierināt! — Vajga aplabināt un apmīļot! Ko šī viena iedomājas būt labāka par visām?
MAIJA Velti jūs atlaižat savu pilsgalmu, leitnanta kungs! Man ne prātā nenāk būt greizsirdīgai. Jūs mani neesat sapratis nevienā vārdā! Es neesmu pieņēmusi jūsu priekšlikumus un nepieņemšu tos nekad. Es esmu saistījusies, un jūs, mans kungs, man esat vienaldzīgs. Es biju domājusi jums palīdzēt jūsu dvēseles šaubās un nepratumos, — bet jūs to iztulkojat greizi. Jūs novelkat zemē manas domas un gribat darīt tās savējām līdzīgas.
JAKUBOVSKIS Maija! Maija!
MAIJA Jūs šīs skaistules velti apvainojat un pazeminājat. Viņas jums nāk pretī ar sievietes laipnību, ar visa piedošanu un laba darīšanu. Sievietes maigā sirds jūt pati no sevis, kur kāds ir nelaimīgs, un steidzas tam palīdzēt ar visiem saviem neizsmeļamiem labsirdības un cēluma, un pašaizliedzības dziļiem avotiem. Sievietes dievišķo mīlu jūs nekad neesat sapratis. Jūs pat neesat nekad gribējis to saprast. Jūsu amats tas briesmīgākais un rupjākais, kāds vien var būt. Un jūs vēl esat lepns uz to. Kara laiki vēl turpinājas jūsu sirdī un dvēselē, un velti sievietes pūlas atgriezt vīriešus mierā un cilvēcībā. Pateikties un pielūgt jums vajadzētu jūsu cienītājas un nevis viņām ko pārmest. Maigumam un labam vajga uzvarēt un glābt.
MEITENES Taisnība, taisnība! — Vai dzirdat, Adamiņ? — Ak, ko viņa tur mēļo! — Nē, taisnība, taisnība!
KĀDA MEITENE *(Pienāk pie Maijas klāt.)* Tu, Maijiņ, saki tā, kā ir. Es arī tāpat jūtu, tikai es tā nemācēju pateikt.
MEITENES *(Strīdas savā starpā, smejas un jokojas, dažas uzņem visu kā koķeteriju.)* Labi saka Maija. — Jā, jā, mēs jau esam tās labās un puiši tie nelabie. — To mēs aizvien teicām. — Jūs esat par daudz rupji un prasti. — Maija saka labu spredik̦i. —
KĀDA MEITENE Klausies, Adamiņ, pamācību. Es tevi arī paraustīšu aiz tavām garajām ūsām, lai tu labotos!
JAKUBOVSKIS *(Viņu rupji atgrūž, tā ka meitene aizstreipuļo un sāk raudāt.)* Nost, tu vardulēns!
PUIŠI Labas jau jūs esat! Pakaļ skrienat kā aitas! — Kāda cienība var būt pret tādām? — Grāb tik cieti kā irbīti, lai put spalvas — kad

būtu tādas kā Maija!
MEITENE *(Skumji.)* Kā meitenes mēs smejamies, bet visu mūžu mums kā sievām jāraud. Ko stāsta mana māte! Kad jūs zinātu!
SVEŠA BALSS NO ĻAUDĪM Zinām, zinām visas. Vai! Vai!
MAIJA Es eju, draudzenes!
MEITENES *(Smejas.)* Ej, ej! — Kas nu mums sprediķos? — Kas puišus aprās? — Adamiņ, dod kādu lāsīti vīna, mute izkaltusi no sprediķa. — Dod Maijai arī.
JAKUBOVSKIS Maija! Tad tu netici, ka es runāju nopietni? — Tu vēl esi greizsirdīga? — Tu gribi būt viena valdniece? Lūk, es tevi iecelšu par vienīgo pavēlnieci: — labam un maigam vajga uzvarēt! Nu tad skaties: tu esi uzvarējusi.
MEITENES *(Čukst bailīgi.)* Ko viņš grib darīt? — Kas viņam prātā? —
JAKUBOVSKIS *(Izvelk zobenu no makstīm un, saņēmis makstis, vicina tās gaisā.)* Lūk, ar šo es aizdzenāšu un aiztriekšu no sevis projām visas tavas sāņcenses! Skaties, Maija!
(Viņš brutali sāk sist apkārt stāvošās meitenes, kuras nesaprašanā bēg uz visām pusēm un slēpjas aiz puišiem.)
MEITENES Vai! vai! — Vai viņš traks? — Ak tu briesmonis!
PUIŠI *(Metas starpā un lūko Jakubovski atturēt un aizsargāt meitenes.)* Nelietis! — Ko šis iedomājas? — Turat viņu! —
MAIJA *(Iekliedzas un pieskrej Jakubovskim klāt, un rauga izraut viņam no rokām makstis.)* Vai! Vai! Ko tu dari?! — Zvērs tu esi! Plēsīgs vilks no meža!
JAKUBOVSKIS *(Smiedamies apstājas un tad piepeši sagrābj viņam klātpienākušo Maiju.)* Nu, lūk! Tu pati nāc pie manis, mana karaliene! mana vienīgā sirdsvaldniece! — Nu tu tici, ka es atlaižu visas savas pielūdzējas un ņemu tevi vienu pašu! — Tam labam būs uzvarēt! — Ha, ha, ha! — Nu saņem tu viena visus skūpstus, kuru pietika tik daudzām tavām sāņcensēm! — Hej! panna Maija, panna moja! moja! moja!
MAIJA *(Kura lūkojusi visu laiku atsvabināties no Jakubovska, izraujas no viņa rokām un iesit viņam vaigā.)* Nelietis tu esi! Zvēra tava daba! — Es tevi par labāku turēju. Tevī nav nekā no laba un maiga! Tu vari par to tikai smieties. Tu nesapratīsi nekad cilvēku, tu zvērs. — Tu man esi svešs! — Svešs!
ĻAUDIS Bēdz! Maija! bēdz!
JAKUBOVSKIS *(Stāv sākumā apstulbis, tad metas pakaļ Maijai. Ļaudis stāv viņam ceļā, kareivji stiepj viņam pretī savus ieročus.)* Es tevi grābšu! — Es tevi dabūšu! — Tu man neizbēgsi! Tu būsi mana!

— *(Rūgti smiedamies.)* Labā! maigā! — Čūska tu!
MAIJA *(Aizbēgdama.)* Svešs! svešs! svešs!

Desmitais skats

Tie paši bez Maijas.
JAKUBOVSKIS Čūska! — Gludā! čūska! — Gudrā!
ĻAUDIS Viņa ir eņģelis!
JAKUBOVSKIS *(Nesaprašanā.)* Viņa ir eņģelis?
ĻAUDIS Viņa ir laba! — Viņa ir svēta! — Viņa ir eņģelis!
JAKUBOVSKIS *(Piepeši saprazdams un vēl vairāk iekaisdams dusmās.)* Ja viņa ir eņģelis, nu tad taisni velns raus eņģeli! Es viņu dabūšu! Tā būs mana! — Vai tu dzirdi: tu būsi mana! Tu esi tikai sievišķis, un es esmu vīrs. Tu to jutīsi! Ja tu eņģelis un es velns, tad es tevi pataisīšu arī par velnu! Tu būsi mana, un tad ej sev cik gribi pie eņģeļiem! Gan tevi, aptraipītu, apvelnotu eņģeli, aizdzīs ar kaunu atpakaļ pie manis! — Tu būsi mana! Klausies!
KĀDAS MEITENES BALSS Velns neuzvarēs eņģeli! Ļautiņi, mīļie, glābjat eņģeli no velna!
ĻAUDĪS *(Kāds smejas.)* Ha, ha, ha! Neizdevās lielajam varonim, meitu medniekam!
JAKUBOVSKIS *(Lielās dusmās nesavaldīdamies.)* Klusat! jūs viepļi! *(Nevarēdams saturēties un izlaist savu uzbudinājumu, izrauj zobenu un sasit galdu un solus.)*
ĻAUDIS *(Gan bēg, gan lūko viņu saturēt.)*
PIRMĒJĀS MEITENES BALSS Lai kā velns plosās, viņš neuzvarēs eņģeli! Visi svētie to neļaus!
JAKUBOVSKIS He! kur ir tā svētā? — He! Tevis man vajga! — Dodat man viņu šurp! — Man savas dusmas jāizlaiž! — He, he, he! — Nu nē! — Nāc, tu svētā, apmierini ļauno garu! — Nu, labais un maigais, nāc uzvarēt!
MEITENE *(Slēpjas bailēs aiz Ļaudīm.)* Vai! vai! glābjat mani! — Nedodat mani zvēram saplosīt!
JAKUBOVSKIS *(Piepeši metas uz meitenes pusi ar ieroci rokā.)* He! he! Šurp!
ĻAUDIS *(Atkāpjas pret Jakubovska ieroci; daži gan stājas priekšā, bet Jakubovskis arī sagrābj meiteni un rauj to sev līdzi.)*
JAKUBOVSKIS Nāc tu viņas vietā! Tu eņģeļa aizstāvētāja! Būsi tad tu papriekšu mana un tad tas tavs eņģelis! He, he, he!
(Viņš, aizraudams meiteni, kas sīvi pretojas, pazūd aiz skatuves. Vēl

laiku dzird meitenes kliedzienus un palīgā saucienus.)(Ļaudis uzbudināti.)

Vienpadsmitais skats

Palikuši tikai kroga Grietiņa un Skudrītis, visi citi aizgājuši.
SKUDRĪTIS Tas tik ir pans, jasnoveļmožnij pan! šļachetnij pan!
GRIETIŅA Ko nu visi tavi pani? Adamiņš: vairāk nekā visi pani un kungi kopā. Kas tas par plašu rokas metienu!
SKUDRĪTIS He, he! rokas metiens! Kā viņš visas meitas izmētāja! Kā vējš spilvas pa pļavu! Kā viņš to zviedri kā pupu kūli svaidīja!
GRIETIŅA Tādas spēka rokas! Meitas viņa rokās kā pavasara līgotnēs līgotos. Kura tur nelīgsmotos! Visas viņam kā puķes bitei. Man nepatīk, ka viņš to Maiju tā lutina. Kas viņam tika no tā!
SKUDRĪTIS Ak, ko! tā pļauka! — Tas nekas. No daiļas rociņas tikai glaudiens vien var nākt, lai arī cik stiprs būdams. Tā panna Maija, tā tik paņenka.
GRIETIŅA *(Nepacietīgi.)* Atkal viņš ar savu poļu mēli jaucas!
SKUDRĪTIS Nu tik skaista paņenka Maija, tik laba kā svētā Barbara! Tie abi sader kopā — pans Adams un paņi Maija.
GRIETIŅA Nu jā, jā; es jau ar nekā nesaku, skaista un laba viņa ir, bet man tikai žēl, ka mēs citas paliekam tumsā!
SKUDRĪTIS Kas tad par to? Vai tad mēs, citi vīrieši, ar nepaliekam tumsā? Un taču labi, ka no tumsas var paskatīties augšā, un tur augšā redz pilnu spožu mēnesi.
GRIETIŅA *(Viņu pārtraukdama.)* Un blakus pilnam mēnesim mazu, bet spožu, spožu zvaigznīti! Es jau nu gan tā neesmu; bet kas par to?
SKUDRĪTIS Un tā mazā, spožā zvaigznīte spīd arī tad, kad lielais mēnesis sāk dilt un pazūd. Ak, tā panna Maija, gribētos viņai svecīti aizdedzināt un — un — to jau nevar, viņa vēl dzīva. —
GRIETIŅA Ko tu nu muldi? Kādēļ viņa lai nebūtu dzīva?
SKUDRĪTIS Es tik tā — man liekas, — viņai nevajadzētu dzīvot, — kā mums visiem, lai grēkus nožēlotu — bet tas Heils viņu —
GRIETIŅA Nu? — Ko? viņu?
SKUDRĪTIS Nokaus viņu.
GRIETIŅA Muldi! muldi! Heils ir krietns cilvēks; jūs visi tik viņu satracināt. Viņš ir nelaimīgs. Kā mēs visi. Viņam arī nav neviena, ar ko parunāt, viņš ir bārenis. Un vai tā mums ir labāk? Vai tad ar tiem dzērājiem var runāt? Ar tevi pārmetam kādu vārdiņu. Par to pašu

Adamiņu. Tu viņu mīli, es arī.
SKUDRĪTIS Mums ir par ko runāt. — Tu arī nesmejies par mani.
GRIETIŅA Bet es viņu tomēr nemīlu, viņš ir tik nikns, un ļauns viņš arī ir — cilvēku nosist viņš arī var.
SKUDRĪTIS Nu, to jau var katrs kareivis.
GRIETIŅA Es ne to domāju — viņš tik ļauns, un viņa tik laba —
SKUDRĪTIS — Taču viņi nesader kopā, — bet viņš jau tagad tā ieēdies — nez kas tur būs — kad tik labi vien būtu —

Divpadsmitais skats

Ienāk Frida, no paslēptuves izlīzdama, ausīdamās un apkārt lūkodamās.
FRIDA *(Zobodamās.)* Ko tad jūs te, divi balodīši? Tādi trekni balodīši? Ko te dūdojat: sader vai nesader kopā? Tie nesader un nebūs kopā! Es par to gādāšu! Jo tuvāk savedīšu, jo tālāk būs! — Ko tu te stāvi, Skudrīti? Ko tu gādāji par savu kungu? Es atsūtīju šurp Maiju, es visu noskatījos un noklausījos. Es visu sarīkoju. Bez manis jūs visi nekā. — Ej, pasauc savu kungu uz mūsu satiksmes vietu! Tūliņ! Saki, ka es vien viņam varu palīdzēt. Ej tūliņ! Ej!
SKUDRĪTIS Nu, nu, ko tu tā grūsties? Tūliņ!
FRIDA Ej tūliņ!
SKUDRĪTIS Eju, jau eju!
(Aiziet.)
GRIETIŅA Nejaucies tu, Frida, starpā!
FRIDA Nejaucies tu, Grieta, starpā!

Priekškars

Otrā aina

Vientuļa klinšu grava Turaidas pilī.
Pirmais skats
15
FRIDA *(Viena pati, gaida Jakubovski.)* Gan es tevi dabūšu savās rokās. Bez manis tu nevari nekā panākt. Es dabūšu Heilu, un no tevis es dabūšu pūru mūsu precībai. Tu maksāsi raudādams. Ko tu salaupīji karā, to es tev noņemšu mierā. Es nebaidos kā tu no burves ļaunās mātes alā. Es tevi aizdzīšu lāga vīra alā, un lāga vīrs palīdzēs man.
Otrais skats
16
Frida. Ienāk Jakubovskis.
FRIDA *(Zobgalīgi, gribēdama uzkurināt viņa ienaidu pret Maiju.)* Vai nu esi apmierinājies? — drusku? Vai nesāp vairs vaigs? Vai uzliki plāksteri?
JAKUBOVSKIS *(Iekaisdams par zobojošu apvainojumu, rupji.)* Ko tu gribi? — Kādēļ neatnāci agrāk?
FRIDA Atnācu agrāk un noklausījos, un noskatījos tavā gāganu un bābu karā, kā tu spoži uzvarēji un pēc vēl spožāk.
JAKUBOVSKIS *(Rupji pārtrauc viņu.)* Turi muti! — Atbildi tikai, ko tev jautāju.
FRIDA *(Smejas.)* Jā, jā, turi muti, kad tu ar mani runā! — Tu jau nu gan turēji muti mierīgi, kad tev pa to iesita.
JAKUBOVSKIS *(Pēkšņi sagrābj viņu un krata.)* Es tev putekļos saberzīšu! Tu, tu!
FRIDA Tavs nolūks jau bija citu saberzt putekļos, — vai tu tagad no tā atsacījies — kad to nespēj izdarīt?
JAKUBOVSKIS *(Palaiž viņu vaļā, atgrūzdams spēji nost.)* Ej pie velna!
FRIDA Pie tā jau esmu! Tikai tas izrādās mazs velns, kurš nespēj neko izdarīt, — bez sievišķu palīdzības.
JAKUBOVSKIS Ek! Ko nu tu! Nekā tu neesi izdarījusi, ko tev liku! Palīgs tu man! Smieklis! — Solījies pierunāt viņu man par labu! Kas nu? — Ij pat laikā neatnāci. — Bet ko tad viņa tev teica, lai man pasakot?
FRIDA Kad es uz tevi paskatos: tāds stalts vīrišķis, tik liela auguma un tik — maza prāta!
JAKUBOVSKIS *(Atvēzējas viņai sist.)* Ko tu iedrīksties, padauze!
FRIDA Vai nu tu neesi muļķis, ka gribi sist mani, kas vienīgā spēj

tev palīdzēt? — Un kas tad tā ir par gudrību, kad tu iedomājies, ka vēl tagad varētu Maiju pierunāt tev par labu? — Un kas tad tā ir par gudrību, kad tu nesaproti, ka Maija tevi tikai izjoko, sacīdama, ka sūta mani pie tevis? Vai tad tu nezini, ka viņai allaž visādi stiķi galvā un ar tevi viņa apietas kā ar muļķa puiku, par kuru smejas? — Nu? Ko? — Ne ar labu tu viņu vari pierunāt, bet tikai ar viltu dabūt.

JAKUBOVSKIS Nevajaga man tavas viltības. Kad ne ar labu, tad ar ļaunu un ar varu es viņu dabūšu.

FRIDA Es nedomāju vis, ka tu viņu dabūsi ar varu. Neatliek tev vairs laika varai.

JAKUBOVSKIS Kā tā? — Varai vienmēr laiks. — Kad tikai viņa kaut kur parādīsies laukā, es viņu sagrābšu. Kad viņai ies līdzi kāda pavadone vai Heils, — tikšu ar tiem galā. Kad viņa paliks savā istabā kā cietumā, es viņu pa nakti izzagšu un aizvedīšu — un pēc atdošu atpakaļ, lai tad ņem Heils. Es visu pārdomāju.

FRIDA Un kad tevi notiesā un padzen? vai nodod atpakaļ poļiem?

JAKUBOVSKIS Lai nāk kas nākdams! es gribu savu dabūt!

FRIDA Ij tā tu nedabūsi savu! — Vai tu zini, ka rīt jau Maija un Heils precas?

JAKUBOVSKIS Ā! — Nu tad vēl šonakt es paņemšu Maiju pirmais, lai tad viņš precas rīt ar precētu sievu!

FRIDA *(Smejas.)* Tu esi gluži muļķis! — Vai tad tev ir karaspēks, ar ko ielauzties pilī? Vai tad tu domā, ka viņi tavu varmācību nepazīst un nesargāsies? — Vai tu aizmirsi jau, ka pats apvainoji zviedru virsniekus un tie tevi nesaudzēs un varbūt vēl šo pēcpusdienu ieliek tevi cietumā? — Man žēl, ka es ielaidos ar muļķa vīrieti, kurš ļauj kaislībai tā aptumšot savu prātu.

JAKUBOVSKIS *(Drūmi novēršas, izgrūž.)* Nu?

FRIDA Es teikšu, kā tu panāksi savu mērķi.

JAKUBOVSKIS Nu?

FRIDA Ko dosi, kad teikšu?

JAKUBOVSKIS Precēšu tevi.

FRIDA Kas man tava precība vairs? Tā jau man ir. Un cik daudzas tu esi precējis un precēsi vēl? — Un es īstu precību, ne tādu kā tavu, varu dabūt, cik gribu. Pēc manas rokas ir lūguši ij labāki vīri nekā tu. — Nē, tas man nekas. Tev jādod man pūrs, lai es būtu bagāta līgava, kad iešu pie vīra.

JAKUBOVSKIS Ko tu gribi?

FRIDA To dārgo kakla rotu ar sarkanakmeņiem.

JAKUBOVSKIS To nevar.

FRIDA Kādēļ nevar? Vai to biji nodomājis Maijai? Nu jau tai vairs nevajadzēs, kad ņemsi ar varu. — Bet es redzu, ka ar to man nepietiktu, tev būs jādod vēl tā skaistā pērļu virkne, kuru tu noņēmi no kakla leišu vaivadenei, kad biji to nokāvis. — Tu jau dabūsi citas rotas, kad iesi karā.
JAKUBOVSKIS Ej pie velna!
FRIDA Labi, labi! Nav jau man jāiet taisni pie velna, ar velniem un burvēm no Jaunās mātes alas tu esi labāk pazīstams. Es iešu vispirms pie Maijas, tad pie zviedru virsniekiem un tad pie pilskunga Šildhelma.
JAKUBOVSKIS Labi, došu, — kāds tavs padoms?
FRIDA Dod tūliņ! Pēcāk tu vari aizmirst, ko solījies.
JAKUBOVSKIS Ha, ha! Tavs padoms var būt nederīgs, tad es tev velti būšu devis.
FRIDA Darīsim tā: noliec tās rotas te uz akmeņa; lai es redzu, ka tev viņas vēl ir. Kad mans padoms būs labs un tu pats to par labu atzīsi, tad es ņemu rotas.
JAKUBOVSKIS *(Izvelk no krūšu kabatas un noliek tās uz akmeņa.)* Nu, saki!
FRIDA Es zinu, kur Maija ar Heilu satiekas. Turp nosūti Maijai ziņu, lai iet šodien, jau tūliņ pēc pusdienas, uz to vietu, it kā Heilam būtu kas svarīgs viņai ko teikt, par kāzām jāpārrunā. Tu uzrakstīsi vēstuli — tu taču proti cik necik rakstīt? — un es to aiznesīšu viņai.
JAKUBOVSKIS Viņa neticēs.
FRIDA Es aizsūtīšu ar sūtni, kuram ticēs.
JAKUBOVSKIS To es arī varu izdarīt, tur man tevis nevajaga. Es ņemu atpakaļ rotas. Tu mani gribēji piekrāpt, un es tevi piekrāpu, es izlietošu tavu padomu par velti.
FRIDA *(Smejas.)* Man jāsmejas par tavu muļķību vairāk, nekā jādusmojas par tavu neģēlību. Tavam sūtnim neticēs. Kas tas būs? Skudrītis? Vai kāda meita? Bet manam sūtnim ticēs.
JAKUBOVSKIS *(Atliek rotas atpakaļ.)* Nu?
FRIDA Es sūtīšu mazo Lienīti, viņas pusmāsiņu. Tu to nekad nedabūsi, bet man tā ir draudzene. — Nu, vai labs padoms?
JAKUBOVSKIS *(Līgsms.)* Labs padoms. Ņem rotas. — Es došu tev vēl šo gredzenu klāt.
(Apskauj Fridu strauji.)
FRIDA Nu, lūk, — es tev esmu vienīgā draudzene: dod vēl kādu gredzenu.
JAKUBOVSKIS Pietiks.
FRIDA *(Aizgriežas.)* Es tev varētu dot vēl kādus padomus. — Un

viens bez manis tu nekā neizdarīsi. Apkrāpt tu manis arī nekā nevari, tu esi manās rokās.
JAKUBOVSKIS *(Iedod viņai vēl vienu gredzenu, pieglauzdamies viņai un labinādamies.)* Tu esi man laba, es tevi mīlu ne kopš šīs dienas vien.
(Apskauj viņu atkal.)
FRIDA *(Runā aši un klusi.)* Tad klausies, kad tu nu mani tā mīli: varētu notikt, ka Maija tev pretosies visiem spēkiem un ka tu ar viņu netiec galā; var notikt kāda nelaime. — Tad tev vajga aizdomas no sevis novērst — un vislabāk aizdomas vērst uz Heilu, — visi zina, cik viņš ir greizsirdīgs.
JAKUBOVSKIS Labi, labi, — kā to izdarīt?
FRIDA To tu arī nevari izdarīt viens pats bez manis: es dabūšu Heila dārza cirvi — to pašu, ar kuru viņš tevi apdraudēja un no kura tu sabijies un aizbēgi.
JAKUBOVSKIS *(Kaunā un dusmās.)* Velns lai tevi rauj! Ko tu to piemini?!
FRIDA Man jāpiemin, jo šo cirvi es varu dabūt, un tas jānoliek tanī vietā, kur viņi mēdza satikties un kur šoreiz tu aiziesi gaidītā Heila vietā.
JAKUBOVSKIS *(Uztraukts, gaidās.)* Ā! ā! — Kur tad tā vieta ir? Kur tā vieta ir? Nu! nu!
FRIDA Es zinu to vietu un, kad vajdzēs, tad tev pateikšu, ne agrāk!
JAKUBOVSKIS Velna sievišķis!
FRIDA Tu redzi nu, ko tu esi pazaudējis, skriedams pakaļ savai Maijai, kura tevis negrib.
JAKUBOVSKIS *(Mīlinādamies.)* Nu, nu, es jau tevi vienmēr gribu un esmu gribējis. Man tik dusmas par tās Maijas spītību. Ko viņa iedrīkstas? Viņa man sacīja veselu sprediķi — par laba uzvaru pār ļaunu. Es viņai gribu parādīt ļaužu muļķību. Viņa grib mani pārvarēt — vecu karavīru. Viņa ir kāda burve un palaižas uz saviem burvju vārdiem. Bet gan pret viņas burvībām dabūšu stiprākus burvju vārdus no velna alas.
FRIDA *(Zobojoši.)* Varonis! Standartjunkurs! Zaķapastala tu esi! Vienkāršs meitens kā visi meiteņi: viņai ir labāks līgavainis nekā tu, jo tu skrej pakaļ visām meitām. Bet, kad tu Maiju dabūsi, tad Heils to vairs neprecēs, un tad Maija nāks pati pie tevis. Tad jau tu varēsi tuvumā noskatīties, kāds viņai tas burvības spēks.
JAKUBOVSKIS Es iešu uzrakstīt to vēstuli, un gādā tad tālāk. *(Steidzas prom.)*
FRIDA *(Nosauc viņam pakaļ zobojoši.)* Lūk, mīlētājs mans jaunais,

aizmirsa uz atvadībām pat apskaut un noskūpstīt mani.
JAKUBOVSKIS Noskūpsti tos dārgakmeņus un pērles.
(Aiziet.)

Priekškars

Trešā aina

Raganas ala. Tumša telpa. Mazs uguntiņš zem trijkāja.
Ragana. Ienāk Jakubovskis
RAGANA *(Pusdziedoši, ap uguni rīkodamās, maisīdama katliņā uz trijkāja.)* Buru, buru, buru,
Ko es rokās turu —
Buru, buru, buru,
Ko es rokās turu —
JAKUBOVSKIS *(Panākdams uz priekšu, pārsteigts, klusi.)* Ā! viņa teica tos pašus vārdus! Skudrītis ar dzirdējis.
RAGANA — Ko es rokās turu,
Tam es guni kuru,
Moku guni kuru —
JAKUBOVSKIS *(Klusi.)* Ā, ā, i viņa arī ragana! visām viena dziesma — moku guni — jā, to viņa man uzkūrusi —
RAGANA Netrauc manu dziesmu,
Dziesma tevi dzels —
Moku guni kuru,
To ar nāvi duru —
JAKUBOVSKIS Ko tu, ragana, mani baidi? Še tev laba nauda, lem man labu likteni!
(Nomet viņai zelta gabalu.)
RAGANA Zelta malka liesmu
Augstā šaltī cels. —
(Uguns zem trijkāja piepeši augsti uzšaujas, uzliesmojumā pie sienas redzas ģindenis.)
JAKUBOVSKIS A, kas tur redzējās kā ģindenis? Nu, lem manim laimi?
RAGANA Es ne laimleme,
Es tik kalpone.
JAKUBOVSKIS Kas tad lemj?
RAGANA Dziļā māte alā,
Visu lietu galā —

Ko tu zināt gribi?
Vai ar zeltu zibi?
JAKUBOVSKIS *(Nomet vēl zelta gabalu.)* Vai es panākšu, ko vēlos? *(Uguns atkal uzšaujas gaisā, vēl augstāk, un nu redzas blakus ģindenim zobens.)*
RAGANA Augstu šalti uguns cēlies, Gūsi vairāk, nekā vēlies.
JAKUBOVSKIS *(Gavilēdams.)* A! ā! es tevi veikšu! es tevi gūšu! es tevi gūšu! *(Sabaidīdamies.)* Ko tas zobens blakus ģindenim? — A, es pārvarēšu nāvi ar zobenu! Zobens stiprāks par visu! — Ļaunums veic! — Ko tu saki, ragana!
RAGANA Ļaunums visa veicējs —
Sevis paša tveicējs —
Kas tas gala teicējs — ? —
JAKUBOVSKIS Ho! ho! Es tas gala teicējs! Mana tu būsi! Es tavu likteni lemšu, tu lepnā! tu svētā! ha! ha! ha!
RAGANA Šodien likto šķirsi,
Rītu pats tu mirsi —
JAKUBOVSKIS *(Bailēs un dusmās.)* Ko tu mani mulsini, ragana!? Ko tu atkal par nāvi runā? Vai neesi dabūjusi zelta vēl diezgan! — Še vēl! še vēl! še vēl!
(Nomet trīs reizes pa zelta gabalam, un trīs reizes izšaujas, ikreiz augstāk, liesmas no ugunskura. Sienā parādās ģindenis, bet nu tura savu galvu rokā. Zobens ir ar asins plankumiem.)
JAKUBOVSKIS *(Sabaidās, bet saņemas, pats sevi mierinādams.)* Lūk, tā! zobens asiņots! un, protams, lai plūst tā asinis, kas nāk pret mani! Atkal tur ģindenis! Nu tura pats savu galvu rokā! No manis uzveikts! Kur tas ģindenis? Nu, tas būs Heils! A, — mani baida, ka es miršu rīt! Ko?! Es esmu Adams, un vecais Adams mirst, lai jaunais uzvarētājs Adams celtos! Mans gars taps jauns no uzvaras. Ha! ha! — Nu, ragana, rādi man manu uzvaramo! Maiju rādi man!
RAGANA Dzīvam sava liesma. —
Liesma liesmai briesma.
JAKUBOVSKIS Tu negribi! Nu, še vēl nauda, lai šaujas liesma un rāda man manu guvumu! Es gribu viņu redzēt arī bez viņas gribas. *(Met zelta gabalus, bet liesma neizšaujas, apdziest ugunskurs, iestājas galīga tumsa.)* Kas tas? par ko liesma nešaujas? par ko uguns apdziest?
RAGANA Vai! vai! vai!
Uguns dziest —
Vajdzēs ciest — Griezt! griezt! griezt!

Vai! Vai! vai!
PARĀDĪBA *(Neskaidrās līnijās tikko pazīstama Maijas tēlā, bāla mirgo. Maijas tēls bālgans, ap kaklu sarkanums. Aši pazūd.)*
JAKUBOVSKIS *(Sabaidās, grib bēgt, bet nespēj.)* Vai! cik nelabs tēls! — ko tas sarkanums ap kaklu? Vai asins? — Nē, tas būs lakatiņš, ko viņš solījās dāvāt kā kāzu dāvanu! Cik nelabs tēls! — Man jāredz viņa dzīva!
(Taisās bēgt, bet nespēj.)
RAGANAS BALSS *(Tumsā, klusi, lēni.)* Vai! — vai! — vai! —
JAKUBOVSKIS *(Čukstot.)* Rau! pazuda! — *(Pa brīdi skaļi.)* Cik te gaiss nelabs! — Ko tu rādi, ragana? — Velns lai tevi parauj ar visu tavu raganu alu! — Es iešu viņu dzīvu redzēt un ņemt! — Ko tavi spoki mani baidīs?
(Aiziet.)
RAGANAS BALSS *(Klusi, lēni.)* Vai! vai! vai!

Priekškars

Trešais cēliens

Dārza terase pils paaugstinātā vietā. Lejāk gar visu terasi eja, apaugusi krūmiem.

Pirmais skats

Ejā ap terasi parādās Lienīte, un pēc viņas slapstīdamās ienāk Frida.
LIENĪTE *(Nedzirdamiem soļiem paskrien garām pa eju, lūkodamās uz augšu. Klusi uz Fridu, pie tās piesteigdamās.)* Vēl nav iznākusi. Tūliņ Maijai jāiznāk uz terases.
HEILS arī ir tur pie viņas. Viņa jau saģērbusies līgavas tērpā, lai parādītos Heilam, kāda būs šovakar. Cik skaista viņa ir kā līgava! nemaz nevar atskatīties.
FRIDA Nepļāpā aplami! Ir jau redzētas vēl skaistākas. Skaties tik, vai viņa iznāk. Vai sargi arī ir, lai Jakubovskis viņu neaizvestu?
LIENĪTE Ir, ir sargi. Iznāks, iznāks, kad es tev saku. Bet skaistāka viņa taču ir par visām, visām!
FRIDA Ej vēlreiz paskatīties, vai iznākusi? un vai viena?
LIENĪTE *(Paskrienas atkal. Klusi.)* I r, ir, pašlaik nāk laukā, Heils arī līdzi.
FRIDA Labi, paliec te, es tūdaļ atnākšu.
(Aiziet.)

Otrais skats

Augšā terasē parādās, no pils durvīm iznākot, Maija un Heils.
MAIJA *(Līgavas uzvalkā, jautra, pārgalvīga.)* Še esmu tev, mans mīļais! Tāda es būšu šovakar kā līgava, kā tava līgava visu ļaužu priekšā! Tagad es esmu līgava, tev vienam skatāma. Tev pirmām jāredz mani, kad vēl ļaužu acis mani nav redzējušas. Tev vienam es pušķojos, tev pirmām un pēdējam. Es pati tevi izvēlējos, un nevienam nav tiesības uz mani, un neviens mani nevar ņemt ar vari. Tev vienam es dodu sevi no brīva prāta un uz visu mūžu.
HEILS Mana dārgā, mana neatņemamā! Es tevim ticu, es tevi dievinu; es tevi grūti, tik grūti atrauju šai ļaunai pasaulei. Es tā

trīcu un drebu par tevi. Tik baigi man ir. Ašāk, drīzāk es gribētu tevi tvert savās rokās, lai tevi neviens nedrīkstētu man atņemt. Kaut jel kāzas varētu vēl pasteidzināt, — ne šovakar, bet tūdaļ, tagad pēcpusdienā.

MAIJA Vai tad tu būtu mierīgāks, kad kāzas būtu noslēgtas? Vai tad kāzas un sveši vārdi no mācītāja tev nozīmē vairāk nekā mani vārdi? Tavas līgavas vārdi?

HEILS Jā, jā, tad es būtu drošāks, tad nevienam citam nebūtu tiesības uz tevi kā tik man. Tad svētais likums mani aizstāvētu.

MAIJA *(Smejas.)* Ak tu mans mīļais, bailīgais! Tik bailīgs tas, kas mani sargā un aizstāv! — Svētais likums! — Ak, mans vārds, mana sirds, mana mīla uz tevi ir daudz svētāki nekā visi likumi. Tā mana mīla tevi aizstāvēs vairāk par visu. Kad visi likumi būtu tavā pusē un mana sirds tur nebūtu, tad tu būtu viens un paliktos viens. Bet es tevi esmu savā sirdī ieslēgusi kopš tās pirmās reizes, kad tā atvēra savas durtiņas un savu lodziņu, lai ielaistu saulīti, lai ielaistu tevi. Ak, cik baigi man bija, kad pirmoreiz vērās lodziņš! Ak, kā es baidījos no visas svešās pasaules! Kāda iekšēja balss man čukstēja: never, never lodziņu! Ko tu redzēsi, tas būs briesmīgs! Dzīvie cilvēki nav tik labi kā miroņi!

HEILS Mīļā, mīļā mana, nerunā par miroņiem! Man tā riebjas par viņiem runāt! man, lūk, nelabas nojautas!

MAIJA Lūk, nu, tu man vienmēr pārmeti bailes un nojautas, un nu tu pats baidies.

HEILS Es nezinu, kas šodien man ir. Kad šī diena būtu ašāk garām! Kad mēs ašāk būtu salaulāti!

MAIJA Es šodien vairāk laimīga nekā bailīga. Mans lodziņš atvēris visus slēģus un redz tevi. Lūk, es sāku tev stāstīt, cik baigi man bija, bet, kad ieraudzīju tevi kā pirmo, tad no tevis man nebija bailes. Mana dvēsele, kas mūžam bija klusējusi, kautri ko čukstēja.

HEILS *(Apskauj viņu.)* Mana dārgā, mana vienīgā, mana vienīgā dzīvība.

MAIJA *(Liegi izvijas no viņa rokām un, staigādama dejā, klusi dzied.)* Lapas runā dienu,
Ziedi runā nakti, Pumpuri bikli
Mijkrēslī čukst:
Kaut arī diena,
Tevis nav bailes —
Pumpurīts veras
Pretim tev!

HEILS Ak, cik skaisti, kad tu dziedi un dejo! Tu it kā

puķe„ atraisījusies no zemes un lido zemes virsū, tu it kā būtne no citas pasaules! Taisnība, taisnība tev, ka tu neesi no mūsu zemes bērniem.

MAIJA *(Tāpat pusdziedoši, pusdejoši.)* Mana māte mani baroja
Kaltušām krūtīm,
Mans tēvs mani auklēja
Stingušām rokām,
Visi kaimiņi smaidīja
Atņirgtiem zobiem —
Baltā māte apstājās,
Pacēla mani,
Tevim mani atdeva:
"Ņem tu un glabā!"
(Viņa smejas.)

HEILS Līgsmīgi un drausmīgi reizē ir klausīties un skatīties tevī! Man, taisnību sakot, arvien ir bijis drusku baigi tavā tuvumā. Tu esi tik sveša pret visu, ko es pazīstu. Citiem tu esi tikpat savāda kā man. Tu mani pievelc sev tik neatvairāmi, bet es nekad neesmu drošs, ka es tevi varētu noturēt. Tu visu manu būtni sagrozi un sašķobi, es topu nedrošs pats sev, es sāku šūpoties kā puķe vējā. Un tomēr es liekos cietāk zemē stāvam nekā jelkad. Kad tu dziedi, tad man arī gribas dziedāt, kad tu baidies, tad man arī bail. Bet, kad tevis man nav, tad es kā nezāle jūtos, kas izravēta no puķu dobes un nosviesta ceļa malā. Es bārens esmu un pie tevis pirmo reizi atnācis mājās... Tu esi kā smarša, kas klīst pa visu dārzu, un tomēr es skaidri zinu, kur tā roze aug, no kuras nāk viņa smarša. Un, lai smarša cik tāli aizklīst, roze stāv uz vietas, uz to es varu palaisties.

MAIJA Nu, kad tev arī gribas dziedāt, kad es dziedu, tad jau dziedi tagad, kad mūsu gaviļu diena, mūsu kāzu diena!

HEILS *(Pusdziedoši.)* Saule glauda galvu,
Mēnesis sirdi,
Saule dod rozes,
Mēnesis liljas,
Saule dara melnu,
Mēnesis baltu,
Saule manā dārzā,
Dedz mani, dedz!

MAIJA Mans mīļais, pirmo reizi dzirdu, ka tu arī dziedi. Tu biji tik kluss kā puķes tavā dārzā.

HEILS Tu uzplaucēji manas puķes dārzā, man tik atliek ziedus salasīt, un katrs smaržodams dzied.

Kā man dziesmas nedziedāt,
Es zināju salasāmas:
Mīļā matus vēdināja,
Dziesmas bira vīvinot,
Es pa vienai salasīju,
Paglabāju azotē.
MAIJA *(Smiedamās.)* Lūk, kāds tu esi! lūk, uz ko tev prāts stāv! Es nemaz nezināju.
HEILS Tā ir man pašam pirmā reize. Pirmo reizi es sajūtu laimes sajūtu; es laimes nepazinu, tu mana laime; šodien man likās, ka laime man tuvu, es sadzirdēju viņas balsi kā dziesmu. Bet man bailes palika no laimes, vai es viņu noturēšu? — Un līdz ar laimi aizies arī dziesmas. Man liekas, šī mana pirmā dziesma būs arī mana pēdējā. — Es dzirdēju dziesmu kā tālu atmiņu no bērnu dienām, un man. likās, ka mana roze būtu to dziesmu dziedājusi.
MAIJA Tu esi dārznieks,
Es esmu roze!
Dari ar mani,
Kā tev tīk!
Tu pieliec dzirkles,
Kas mani griezīs,
Es jūtu roku,
Kas mani tur.
Griez mani, miršu,
Vēl mana dvēsle
Tevi kā smaršu
Mīlīgi skaus.
MAIJA *(Piepeši apklust, tad piesteidzas pie Heila un strauji to apskauj.)*
HEILS Tava dziesma tik mīlīga un skaista kā tava dvēsele, bet tik bēdīga un nojautu pilna kā nāve. — Vai tu ko nedzirdēji? 270 MĪLA STIPRĀKA PAR NĀVI
MAIJA *(Piesliedzas viņam vēl tuvāk.)*

Trešais skats

Lejā atnāk Lienīte, aiz viņas Frida un Jakubovskis; visi iet klusi un slapstīdamies; apstājas un klausās.
HEILS *(Uz Maiju.)* Tu drebi, manu dūjiņ! nē, ne dūjiņa, — tu tiešām esi kā roze, roze arī notrīs, kad viņu grib plūkt. Bet es jau negribu

tevi plūkt.
MAIJA *(Satrūkstas.)* Tur ir kāds lejā! — *(Sauc un noliecas pār žoga malu; Frida un Jakubovskis atvelkas.)* Kas tur ir lejā?
LIENĪTE Es tā esmu. Vai tu izbijies, Maijiņ?
MAIJA Ko tu tur slapsties lejā? Es tiešām sabijos; tagad jau staigā visādi cilvēki.
LIENĪTE *(Smejas.)* Ko tu nu tūliņ sabijies? Bet mani tu rāj, ka es bailīga. Te jau neviena nav.
MAIJA Vai tiešām nav neviena? Man likās — Ko tad tu gribēji? Ko tu slapstījies?
LIENĪTE Es gribēju pie tevis iet; vai tu ļautu?
MAIJA Ko tad tu nenāci?
LIENĪTE Pie tevis ir Heila kungs.
MAIJA Viņš drīz aizies, tad tu vari nākt. Bet ko tad tu tur gravā slēpies? Būtu varējusi nākt pa durvīm pajautāt.
LIENĪTE Es atnākšu drīz.
(Aiziet aiz krūmiem.)

Ceturtais skats

MAIJA Man tik drausmīgi palika! — Kad tik tur lejā vēl kāds nebija?
HEILS Tu domā — viņš? Viņam jau nu nekas, cits neatliek pāri kā slepu noskatīties un noklausīties mūsu laimē. Tevi viņš nu nedabūs ne mūžam. — Ha, ha, ha!
MAIJA *(Piesteidzas viņam klāt un apkampj viņu.)* Nesmejies, Viktor! Man tik drūmi ap sirdi.
HEILS Nebaidies, manu rozīti, netrīci! Ko viņš spēj izdarīt?! — Bet ko tā mazā Lienīte tā visur ložņā apkārt! palaidne meitene, noklausās un sačukstas ar visiem.
MAIJA Palaidne gan, bet viņa mani ļoti mīl un grib man labu. Gan savādā veidā, kā viņa to saprot. *(Glaužas pie Heila.)* Ak, daudz mani mīl, bet man tikai bailes no tā!
HEILS Netrīsi, manu rozīti. Ko viņš spēj?! Man ir vairāk draugu nekā viņam. Zviedru kareivji mani sargās. Šildhelma kundze man laba. Ļaudis visi ir mūsu pusē! Tevi visi tā mīl, ka neviens neļaus tev pāri darīt.
MAIJA *(Vēlīgi.)* Jā, tev daudz draugu un arī daudz draudzeņu; kā tā pati Frida tevi gribētu.
HEILS *(Sakustas nepacietīgi.)*

MAIJA Neuztraucies, mans mīļais! Es tik tā pa jokam. Gribas arī pajokot, kad ir drausmīgi. Pie tevis nāku patverties, pie tevis atpūsties. Pie tevis tik labi. Nāc šurp, atsēsimies drusku. Es tev vēl gribu kādu dziesmiņu padziedāt! — Nāc še tuvāk pie paša žoga! Ar tevi kopā man nav bail ne no viena.
(Viņi atsēstas pie žoga.)
MAIJA *(Dzied klusu balsi kā šūpuļa dziesmu.)* Man sirds ir gurusi
No trokšņa dienā,
Ne mirkļa nostāvēt —
Kā karstā plienā.
Pie tevis labi ir, —
Var klusi klusēt,
Tu mans sirds spilventiņš,
Kur sāpēs dusēt.
(Noliecas un noliek viņam galvu klēpī — tad skaļi.) Mīļais, mīļais!
HEILS *(Bažīgi.)* Vai! Kad tik nedzird kāds?!
MAIJA *(Bezbēdīgi.)* Lai dzird! Lai klausās visi: tu esi mans mīļais! Tev vienam es piederu un nemūžam nevienam citam! Lai klausās! Lai dzird! Lai ievēro to un velti nepūlas! *(Piepeši viņa satrūkstas, it kā padzirdējusi kādu troksni. Jakubovskis parādās un grib ko teikt. Frida viņu attura. Abi pazūd atkal.)*
MAIJA *(Uzlec augšā.)* Vai kas nerunāja tur? Vai nesmējās?
HEILS *(Viņu turēdams.)* Nekas nebija, ne runāja kāds, ne smējās. Tu tikai pati uztraukta un redzi un dzirdi spokus. Par daudz tu vienmēr mini spokus un miroņus, nu tie tev visur rādās. Polis jau te nenāks, viņam pašam būs bailes; viņu jau sveikā neatstās.
MAIJA Jā, es redzu visur miroņus, es jau no miroņu cilts — *(Viņa lūko smieties.)* — es būšu klusa un nebaidīšos. Klusēt jau ir labi arī mums, ne vien miroņiem. Visaugstāko laimi nevar izteikt vārdos, bet klusībā. Man ir tik labi! Klusēsim! Nesaki nekā! *(Pēc brīža bažīgi.)* Vai tu tik dzirdami elpo un dves?
HEILS Nē, nē jel! es gluži mierīgs. Klusēšana tevi arī uztrauc. Parunāsim labāk. — A, es aizmirsu gluži: es jau atnesu tev līgavas dāvanu — še, lūk! mazs lakatiņš! Sarkans kā roze un mīksts kā spilviņa!
MAIJA *(Uzlec, priecīga.)* Ak, kāds skaists lakatiņš! Sarkans kā as — kā uguntiņš! Mūsu pavarda uguntiņš, mūsu nākamā kopējā namiņā! Tavā rožu dārziņā Siguldā! Pie skaistās pils! pie skaistajiem dziļajiem Gaujas krastiem! Ak, kas tur būs par debešķu dzīvošanu — tur jau būs arī tuvāk mūsu Labvīrs ar savu mīļo alu, kur mēs tik daudz reizes satikāmies un kur mēs vēl vairāk

satiksimies! Vai mēs tai alā nevarētu mūžam palikt! Visu dzīvi! Tur būtu skaisti dzīvot, skaisti mirt! Tur neviens cilvēks mūs netraucētu! Mēs no visas pasaules izbēgtu un dzīvotu tikai savai laimei! Mūsu laime nekad nebeigtos, jo labais vīriņš mūs apsargātu un dotu dzert no sava dzīvības ūdentiņa! Jā, jā, iesim turp tūliņ!
HEILS Jā, vai zini, es Labvīra alu izpuškoju zaļumiem un puķēm. Es gribēju tevi turp aizvest vispirms mūsu kāzu dienā, — bet tagad labāk steigsimies ar laulāšanos un tad iesim turp. — Es iešu parīkot, varbūt mēs taču varētu laulāšanu panākt jau šodien pēc pusdienas un drīzāk, drīzāk — tikai —
MAIJA Jā, jā, ej un tad skriesim uz Labvīra alu un noslēpsimies laimībā! Ak, kā man gribas jau tur būt! Kā man gribas smieties un priecāties! Man ir tāda neizsakāma priekšsajūta, it kā es tiktu aizrauta kādā bezgalībā. — Tu mans mīļais!*(Smejas.)* Mein Glück und mein Heil! Mein Glück und mein Heil!
HEILS *(Smejas un skūpsta viņu.)*
MAIJA Skūpsti mani! skūpsti mani! — Nē, es skūpstīšu tevi! Šis mans skaistākais acumirklis!
HEILS Es tūliņ būšu atpakaļ!
(Viņš aizsteidzas.)

Piektais skats

MAIJA *(Viena, runā nervozā prieka uzbudinājumā.)* Mein Glück und mein Heil! Mein Glück und mein Heil! *(Pieiet pie žoga malas.)* Mein Glück und mein Heil!
JAKUBOVSKIS *(Parādās lejā.)* Dein Heil ist dein Unheil! Dein Glück ist dein Unglück! Tavs Heils ir tava nelaime! Es tevi ņemšu! Es tevi ņemšu vēl šodien! Man tu neizbēgsi! Mīla stiprāka par nāvi, pati teici.
(Viņš nozūd atkal kokos smiedamies.)

Sestais skats

MAIJA *(Piepeši skaļi iekliedzas un atstreipuļo atpakaļ; tad saņemas un sauc.)* Heil! Heil!
(Iznāk sarga kareivis — zviedris.)
SARGA KAREIVIS Kas ir? Kas ir?
MAIJA *(Uztraukumā rāda uz leju.)* Tur! tur!

SARGA KAREIVIS *(Paveras, bet nekā neredz.)* Kas tur bija?
MAIJA Tur, tur! — Pasaucat Heila kungu! *(Sauc pati.)* Heil! Heil! Heil! Nāc atpakaļ! Nāc!
(Abi iesteidzas pilī.)

Septītais skats

No kokiem iznāk Frida un klausās.
FRIDA Sabaidīja polis dūjiņu! — Pagaidi, es papūlēšos, lai tavas bailes nebūtu bijušas veltas. Es tevi no sava ceļa nobīdīšu. Lai tu esi skaistāka, es esmu gudrāka. Tu man neatņemsi dārznieku; tas bija jau mans, pirms tu to novīli sev. Nāc, nāc, ķeries pie viņa klāt, es tev viņu izraušu vai no paša mīlas apskāviena! — Nāk! —
(Nozūd kokos.)

Astotais skats

Maija ienāk, Heila vadīta un apskauta.
HEILS Kas tad ir noticis? runā nu, mana mīļā, dārgā! Te neviens mūs nedzird.
MAIJA Ak! neviens mūs nedzird! Es nezinu.
HEILS Ir sargi nolikti arī lejā.
MAIJA *(Pusmechaniski.)* Arī lejā-------
HEILS Saki nu, kas tevi tā pārbiedēja? Ko tu redzēji?
MAIJA Es redzēju — es dzirdēju — miroņus — man tā bail!! man tā bail!
HEILS Ko tu atkal redzi spokus, mana ballīte? Nav no kā baidīties! Zini, man solīja vēl pasteigt mūsu kāzas, tūliņ, pēc vienas stundas, mācītājam ziņots, ja daudz, divas stundas. Nebaidies, manu rožu ziedu lapiņ! Tu man ar pielaidīsi bailes. Nav ko baidīties, tu mana laime! Tūliņ, tūliņ!
(Heils apskauj viņu un nosēdina sev blakus solā.)
MAIJA Nē! ņem mani klēpī! Tā tuvu, tuvu pie tevis gribu būt! Turi mani ciešāk, ciešāk, lai man nav bail!
HEILS *(Sēdina viņu sev klēpī un apskauj.)* Mana laime! Kā no debesīm sūtīta tu man nāc! pati, pati nāc! Kā ziedu puteklītis nolaidies smaržodams, un es tevi turu savās rokās, no laimes apreibdams! — Es tevi turēšu! es tevi nekam nedošu, nekam nedošu!

MAIJA *(Piepeši nodreb.)*
HEILS Nedrebi, mana dūjiņa! esi droša, — drīz, drīz! Atpūties pie manis, sava sirds spilventiņa, kā tu pati saki.
MAIJA *(Brīdi gluži klusu, tikai pa laikam iedrebot. Tad dzied klusā balsī.)* Ņem mani, auklē,
Lai jel es rimstu —
Tā man ir bail!
Ņem mani, turi —
Ak vai, es grimstu!
Ņem mani cieši
Stiprajās rokās, —
Klau, klau — kas tur?!
Raugi, vai rēgi,
Vai miroņi lokās?
HEILS Esi mierīga! Nav miroņi. Kur te tie miroņi? Te apkārt tik puķes un ziedi, un rozes. Tie tev uzsmaida. Lokās ne miroņi, bet rozes.
MAIJA *(Paliek mierīgāka un klusi sēd kā piemigusi.)*
HEILS Tā labi, tā labi! nomierinies un nebaidies vairs, tad es varēšu atkal iet un pasteidzināt. Es aizskriešu pats pēc mācītāja.
MAIJA *(Tāpat, kā pa miegam.)* Neej! neej nekur! Nekur nav jāsteidzas.
Mans mīļais, mīļais,
Jel neej projām,
Kā aizmiglojam
Man jūtas acs.
Man jūtas sirdi
Kā pušu raujam,
Kā sevi ļaujam,
Kad riebums glūn.
Ak neatstāj, mīļais,
Mani še vienu
Nevienu dienu,
Ne brīdi, nekad!
HEILS Pasēd, pasēd, manu debestiņu, atpūties kā balts mākonītis zilās debesīs pusdienas laikā. — *(Pēc brīža nemierīgi.)* Man vajaga vēl aizskriet pie ķestera; drēbnieks mani gaida arī. — Es nu iešu, mana dārgā, lai mēs ašāki būtu kopā uz visiem laikiem! Es tevi palaidīšu no rokām.
MAIJA *(Neatbild, dzied tikai kā pusapziņīgi.)* Nelaid mani laukā no rokām —

Man ir, it kā es tad nomesta mokām.
Necel mani no klēpja nost —
Man ir, it kā man tad odze grib kost.
Paliec vēl, paliec vēl vienu brīdi!
Kā tumšā naktī mēness man spīdi!
Necelies augšā! — es nez', ko es daru —
Man ir, it kā es izlaistu garu.
(Apskauj drudžaini strauji Heilu un spiežas tam klāt.)
HEILS Ak vai, mana mīļā! — Bet vajga taču man iet! citādi viss novilcināsies, tu zini, kādi ir mūsu ļaudis! Mēs tiksim nezin kad salaulāti! Tā var — lai dies pas — notikt viss kas — briesmas! — Nē, nē, vajga steigties, lai ašāk tiktu pie miera!
MAIJA *(Kā atmozdamās.)* Jā, vajga steigties, vajga steigties! — Es nez', vai vajga tā steigties? Pie miera mēs tiksim tikai nāvē, pie miroņiem, pie miroņiem. Nez, kādēļ viņus nesauc labāk par mieroņiem? Tiešām pareizāki un skaistāki izklausās — mieroņi.
HEILS Nerunā atkal par nāvi un miroņiem, labāk atcerēsimies mūsu mīlu un mūsu laimi kopīgā nākotnē.
MAIJA Nāve un mīla tik tuvas viena otrai. Stipri mīlēt ir taču mirt priekš sevis un atdzīvoties priekš otra. Kura gan ir stiprāka — mīla vai nāve? Man liekas: mīla, jo nāve tik iznīcina un nav vairs nekā še zemes virsū; bet mīla nonāvē sevi, bet dara dzīvu otru. Bet varbūt kāds, mīlā mirstot, nemaz nenomirst, bet dzīvo vēl aiz nāves? Un varbūt kāds atmostas tikai tad uz dzīvi, kad mīlā mirst? — Tikai jūs, vīrieši, šķirat mīlu un nāvi, — sieviete mirst vienmēr, kad mīl; tikai mīļākā viņa top dzīva, ne savā dzīvē, bet citā.
HEILS Jā, mana mīļā, mana gudrā, mana ne šīs pasaules balva! Runāsim par to daudz, runāsim vēlāk, — tagad steigsim šo dzīvi nokārtot laimīgi! lai mums nekas nekaitētu. Tas ir svarīgāki.
MAIJA Kas ir svarīgi? Tikai viens ir svarīgs par visu, visu — tā ir mīla. Laime? — nav citas laimes kā mīla. Kas mīl, tam nav ko steigties. Kas mīl, tam nav ko baidīties. Tev taisnība, es nebaidīšos. Kas man var vairs kaitēt, kad es mīlu? To mīlu man nekas nevar atņemt. Man var atņemt tikai dzīvību, bet paliks — mana mīla. Un dot man arī neviens neko nevar vairāk. Dzīve man devusi mīlu, un vairāk ne tūkstots dzīvēm nav ko dot. Dzīve ir nabaga, mīla ir bagāta. Un es visu savu bagātību varu brīvi aizdot projām, un es nebūšu vēl nabaga! Es visu atdodu tev, un es pati tieku laimīga, un es netieku nabagāka, man paliek mīla priekš visiem. — Kādēļ lai es bēdājos un baidos, es muļķīte?
HEILS Tu esi svētā.

(Nometas pie viņas ceļos.)
MAIJA *(Naivi, kaunīgi.)* Nē, nē, mīļais! Es tik tāpat sevi mierināju, ka nav jābaidās. Taisnība taču ir, ko es teicu, — vai ne? — Es gribēju tikai teikt, ka tevi mīlu, un iznāca tik gari.
HEILS Tu esi dievišķa un pati to nezini.
MAIJA Es tevi velti sabaidīju ar savām piepešām bailēm — miesas jau bieži sadrebas, kad arī gars ir stiprs, — kad ar mazo adatiņu tīšu prātu gribu durt pirkstā, tad pirksts raustās, — un es taču labi zinu, ka sāpes nemaz tik lielas nebūs un nekas nekaitēs. Tā arī tagad.
HEILS Es jau tik uztraucos un drebēju, ka mēs ātrāk tiktu sadoti kopā un nāktu pie miera, es —
MAIJA Jā, jā, dari vien visu, lai pasteidzinātu mūsu salaulāšanu! Es jau nu tevi vairs neatturēšu ar savām veltīgām bailēm. Ej vien, mans dārgais, un atstāj mani vienu, — te jau ir diezgan sargu, man jau nekas ļauns nevar notikt. Ej vien droši!
HEILS Tagad man vēl vairāk bailes par tevi, — ka kāds neaizskartu. Bet es jau eju, lai gādātu par tavu lielāku drošību. Nu drīz, drīz es tevi glābšu no visa ļauna. Sveika, mana mīļā, mana svētā! Ļauj man tikai tavas rokas noskūpstīt!
MAIJA *(Apskauj viņu un skūpsta vairāk reizes.)* Mēs atvadāmies kā uz mūžiem un taču pēc pāris īsām stundām būsim atkal kopā, un nešķirsimies vairs.
HEILS Drīz, drīz, drīz!
(Aiziet.)

Devītais skats

MAIJA *(Viena, atsēstas nogurusi žoga malā.)* Man nav par ko baidīties un būt skumjai, bet prāts tik skumjš, un sirds tik grūta. Es nogurusi šinī karstā dienā; gulēt gribētos. Nē, raudāt gribas, kad labi izraudātos, paliktu vieglāk.
Ak, kaut es spētu raudāt vēl!
Tā žēli, žēli!
Ak, ir jau vēli, —
Vairs asru nav.
Kad asras riestu.
Es mazāk ciestu, —
Vairs asru nav.
Ak, tikai raudāt, raudāt vēl!

Kad asras gūtu,
Kā bērns tad būtu, —
Vairs asru nav.
Ko es pati ieaijājos grūtsirdībā! Labāk domāšu uz kāzām. — Ak, kā būs! — Paskat! man taču ir skaists zīda lakats dāvāts. Jāpapuškojas un jāpapriecājas. Jāpaskatās spogulītī, vai esmu skaista. — Ak, kur tas ir mazs, var saredzēt tikai lūpu galiņus, vai ir kā rožu pumpurīši, kā viņš saka? Jā, ir! ak tavu prieku! Jāiet istabā paskatīties lielākā spogulī.
(Aiziet.)

Desmitais skats

Iznāk no kokiem Jakubovskis un Frida.
FRIDA Nāc te. Mums jārīkojas ļoti aši, viņi laulāšanu grib izdarīt tūliņ. Tev nevajaga to palaist.
JAKUBOVSKIS Jā, lai tu viņu varētu precēt.
FRIDA Klusi! — Es izdomāju, kas darāms: Maija jāizviļ uz Labvīra alu, turp tu aizsteigsies jau agrāk un viņu saņemsi. Kad viņa būs tava bijusi, viņa kaunēsies vairs precēties; es viņu pazīstu. Un mēs abi panāksim savu. Vai tev ir zīmīte uzrakstīta, kā tev teicu? Nepļāpā! še papīrs, raksti: "Atnāc tūliņ uz Labvīra alu. Vajadzīgs. Tavs Heils." Tā pietiek.
JAKUBOVSKIS *(Raksta, smejas.)* Ha, ha! tā var! Es viņu dabūšu tā vai tā!
FRIDA Nu, tagad taisies, ka tiec projām uz alu. Es vēstulīti tūliņ nodošu Lienītei. Nāc aši prom!
(Aiziet.)

Vienpadsmitais skats

Sarga kareivis ienāk un apstājas klausīdamies.
SARGA KAREIVIS *(Sauc kareiviski.)* Kas tur? — stāvi! *(Skatās apkārt.)* Neviena nav — a — tu mani neapmānīsi. Man pieteica virsnieks: "muļķi, uzmanies, neaizmiedzi!" un es uzmanos un neaizmiegu. Es itin labi dzirdēju jau labu laiku, ka tu tur čukstējies. Nāc nu laukā ar labu, jeb es tevi apcietināšu uz vietas. *(Pieiet pie žoga un lūkojas.)* Nav neviena. Nu es paziņošu virsniekam.

Divpadsmitais skats

Maija nāk kopā ar Lienīti.
SARGA KAREIVIS Jaunkundzīt! nav neviena! Tu esi pārklausījusies.
MAIJA *(Apskata zīmīti.)* Kur tad viņš ņēma papīru? Tas ir no kāda saimniecības rēķina noplēsts.
LIENĪTE Es viņam to devu, man bij pacelts. Un viņš lika tevi sveicināt un simtu reižu noskūpstīt no viņa.
MAIJA Vai tā viņš teica: simtu reižu noskūpstīt? tā viņš arī nemēdz darīt.
LIENĪTE Ak, tos simtu skūpstus es pati pieliku klāt; tā būtu dikti skaisti un man tā patīk.
MAIJA *(Smejas.)* Ej, tu mazā muļķīte! Ko tu zini? *(Viņa nopūšas.)* Tad šo zīmīti viņš sūtīja *(lasa)*: "Atnāc tūliņ uz Labvīra alu. Vajadzīgs. Tavs Heils."
SARGA KAREIVIS Vai tad iešu paziņot virsniekam, ka viss ir kārtībā?
MAIJA Labi, labi, ejat! — *(Uz Lienīti.)* Kas tev nodeva šo zīmīti? Vai Heils pats?
LIENĪTE Heils pats ar savu roku. Viņš man uzsauca: nāc šurp, mazā ķirzatiņ, tā viņš teica: mazā ķirzatiņ — aiztec tūliņ pie Maijas un teic, lai viņa nāk uz Labvīra alu. Man pašam jāsteidzas pie ķestera, un tad es no turienes iešu arī uz alu.
MAIJA Vai tad viņš tev tā teica: "Ej pie Maijas"? Tā viņš uz citiem nekad nesaka.
LIENĪTE Ak jā, jā, viņš teica: "Ej pie Maijas jaunkundzes," un teica: "še tev zīmīte līdzi, lai viņa nedomā, ka tu varbūt melo." Un viņš deva man līdzi savu cirvīti, lai es to aiznesot uz Labvīra alu; viņam jāejot pie mācītāja un tad ar cirvīti neveikli.
(Rāda cirvīti, kuru paslēpusi aiz priekšauta.)
MAIJA Vai tad viņš neteica, kas par vajadzību?
LIENĪTE Nu kā nu viņš teiks tādai mazai muļķītei!, kā tu pati saki? Bet es jau nomanu, ka būs kas ļoti jauks; būs tev labi un skaisti pārsteigumi. Tu būsi kā kādā skaistā svešā salā, kur neviens, neviens cilvēks jūs netraucēs un kur tu jutīsies kā paradīzē. Tikai es gribu noskatīties, ņem mani līdzi, mīļā, mīļā Maijiņ, uz to paradizi!
MAIJA Ak, paradize, — vienu mirkli atpūsties. Tikai mirklis pie dzīves saista.
LIENĪTE Kā tur būs viss pušķots un izrotāts! Visapkārt zaļas vītnes

ar sarkanām puķītēm pa vidu, un visos kaktos būs rožu krūmi un—un — un — visapkārt tik debešķi, un tu būsi pašā vidū kā debesu karaliene! Un viņš tavā priekšā uz ceļiem!
MAIJA Klusi, jel klusi, muļķīte!
LIENĪTE Man taču tā patīk, tā patīk, ka tu esi skaista un laimīga Tavs sarkanais zīda lakatiņš virs tavas galvas būs kā rīta mākonīts austrai. — Apliec nu, apliec! un iesim ašāk, viņš jau gaida.
MAIHA Mein Glück und mein Heil! Kā viņš iedomājas tādu pārgalvību? Viņš jau tik nopietns un kārtīgs. Bet varbūt taču no manis aizrauts? Aizrausimies ar! Lienīt, mazo Lienīt, iesim ar! Mein Glück und mein Heil!

Priekškars

Ceturtais cēliens

Labvīra ala. Fonā redzama ieeja. Alā strautiņš.

Pirmais skats

Jakubovskis un Skudrītis.
Jakubovskis uzposies svētku tērpā. Abi uztraukti.
JAKUBOVSKIS *(Nemierīgs staigā; laiku pa laikam skaļi, nervozi iesmejas, nesavaldīdams iekšēju uzbudinājumu un prieku.)* Ha, ha, ha! es nemaz nevaru nociesties, nesmiedamies par savu lielisko izdomu! Meitens pats nāks manās rokās, no brīva prāta! Ha, ha, ha! Aiz skaidras mīlas uz to lapu tārpu! Nāc, nāc!
SKUDRĪTIS *(Nejūtas gluži omulīgs, saīdzis, no uzbudinājuma raustās un stostās.)* Nāc, nāc! — viņa nemaz nenāks, par velti būs visa mūsu gaidīšana; labāk jau arī būtu, ja nenāktu!
JAKUBOVSKIS Nāks, nāks! Nebēdā. Tu nezini, kāds liels spēks ir sievietes mīla! Ha, ha, ha! Ar viņas pašas spēku es viņu uzvarēšu! Vai tā nav gudrība?
SKUDRĪTIS Tā nav tava gudrība, bet Fridas. Būtu tu labāk pie Fridas palicis.
JAKUBOVSKIS Kas tā Frida? Es lieku viņai priekš manis strādāt, un viņu es varu dabūt katru acumirkli.
SKUDRĪTIS Bet tu jau saki, ka Maija tevī iemīlējusies, tad jau viņa tā neturētos pie Heila.
JAKUBOVSKIS Aiz spītības. Maijai bail no pārāk lielas laimes pie manis. Viņa taču gribēja mani padarīt par tikumīgu dvēseli un to sieviete dara tikai tad, kad mīl. Man neviena pretī neatturēsies.
SKUDRĪTIS Man nu gan.
JAKUBOVSKIS Tava pati kroga meita — ha, ha, ha!
SKUDRĪTIS Pie tevis viņa ies, kad tu sauksi, bet mani viņa mīl; viņa pati saka.
JAKUBOVSKIS Ha, ha, ha!
SKUDRĪTIS Tu jau kā velns esi. Bet Maiju tev gan nevajadzētu aizskart; viņa tik skaista un laba kā eņģelīts!
JAKUBOVSKIS Nu, velns ar eņģeli labi sader, — jāredz, kurš stiprāks. — Tu jau esi velna pielūdzējs.
SKUDRĪTIS Bet jūs abi kopā būtu vēl stiprāki, — kad tu viņai

paklausītu.
JAKUBOVSKIS Ha, ha, ha, kad es tiktu par eņģeli!
SKUDRĪTIS Man bailes! Nav labi, nav labi!
JAKUBOVSKIS Nav labi! ha, ha, ha! Ko tad tu atnāci līdzi? Gribēji palūkoties, kā tas notiek, ka meitu iemīlina? Ha, ha, ha! 292
SKUDRĪTIS Es gribēju tevi redzēt, es gribēju viņu redzēt, viņa ir tik debešķīga!
JAKUBOVSKIS Tu esi viņā iemīlējies un palīdzēsi man, paturēsi viņu aiz debešķīgām rokām, ha, ha, ha! — Ek, es varu visu, ko gribu, cilvēki man ir kā medību suņi — pasvilpt, iepērt! — He, he, kā velns, kā velns!

Otrais skats

Alas fonā pie ieejas parādās Maija un Lienīte, apstādamās.
MAIJA Kas par skaistiem puķu vārtiem! Te ieeja kā paradizes vārtos, kur ielido nomirušas dvēselītes.
LIENĪTE *(Priecīgi tērzēdama.)* Vai es neteicu? Vai es neteicu, ka būs skaisti? Tu vēl kautrējies nākt. Tu vēl tagad runā par nomirušiem.
MAIJA Nomirušas dvēselītes jau ir skaistas.
LIENĪTE Nu, iesim iekšā! Tur tev būs vēl lielāks pārsteigums.
MAIJA Man tik baigi ap sirdi; kājas neklausa, it kā nenes iekšā. — Ko tad Heils mums nenāk pretī? Viņš jau varēja notālēm, mani redzēt un dzirdēt.
LIENĪTE *(Smejas.)* Viņš būs dziļāk iekšā, lai tevi pārsteigtu.
MAIJA Man nemaz netīk iet iekšā; pastāvēsim tepat; lai viņš iznāk. Heil! Heil!
LIENĪTE Varbūt viņš nav vēl atnācis. Kad tu dikti sauksi, dzirdēs ļaudis. Labāk iesim iekšā, lai mūs neredz garāmgājēji.
MAIJA Neviens jau te garām neiet. — Man tādas bailes, es nezinu, par ko. Kā tāda nelaba paredzēšana. *(Sauc dikti)* Viktor!
LIENĪTE Tas jau izklausās gluži kā palīgā sauciens, ļaudis brīnīsies.

Trešais skats

(Notiek līdztekus iepriekšējam skatam, alas iekšpusē.)
JAKUBOVSKIS *(Satvēris Skudrīti abām rokām, drudžaini tura un klausās, kad Skudrītis grib atsaukties uz saucienu no āras, Jakubovskis viņu attura, kad Maija kavējas nākt iekšā.)*

JAKUBOVSKIS *(Čukst.)* Kad nu nenāk! — Paredz dūjiņa savu vanagu! — Kad nu nenāk! Nelabi, kad jādzenas pakaļ, — var tiešām kāds garāmgājējs gadīties.
SKUDRĪTIS *(Čukst.)* Klau, skuķēns Lienīte pati pierunā, lai nāk iekšā. Tad ta aizstāvētāja Maijai.
JAKUBOVSKIS Ko tu saproti! — Skuķēns manī iemīlējies. — Kad traucēs, piekopšu. — Klusi nu! — Nāc, nāc, jēriņ, vilka alā no brīva prāta.

Ceturtais skats

Maija un Lienīte ienāk alā.
MAIJA *(Lēni, baidīdamās, tumsā apkārt skatīdamās.)* Pagaid! paklausīsimies!
LIENĪTE *(Velk viņu aiz rokas.)* Nāc, nāc! nu tūliņ būs tev liels pārsteigums.
JAKUBOVSKIS *(Smiedamies, panākdams uz priekšu ieejas gaišākā vietā.)* Man arī liels priecīgs pārsteigums, dārgā jaunkundze, redzot jūs še alā.
MAIJA *(Sastingst no bailēm, tad skaļi iekliedzas kā lielās briesmās.)*
LIENĪTE *(Pieskrien pie viņas un piespiežas. Maija to pēkšņi nokrata nost un atgrūž no sevis. Cirvītis viņai izkrīt.)*
MAIJA *(Metas bēgt uz alas izeju, Jakubovskis viņu panāk un atved ar varu atpakaļ, aizvezdams vēl vairāk iekšā.)* Laižat mani vaļā! Ko jūs gribat no manis?
JAKUBOVSKIS *(Ironiskā smalkumā.)* Es jums, cienītā, daiļā jaunkundze, gribu tikai pateikties par lielo laipnību, ko man parādījāt, pati pie manis ierazdamās uz satikšanos. Un vēl tā uzposusies ar šo skaisto sarkano lakatu, sarkanu kā karsta mīla.
MAIJA Es nenāku pie jums uz satikšanos; jūs mani nekrietnā kārtā šurp atvīlāt ar viltotu vēstuli. — Un tu, Lienīte, to man atnesi — nekrietnā kārtā.
LIENĪTE *(Sabijusies.)* Maijiņ, Maijiņ, es jau gribēju tev labu, lai tu satiktos ar to, kas tevi mīl.
(Tuvojas viņai, saņemdama viņas roku.)
MAIJA *(Atgrūž roku.)* Ej nost!
LIENĪTE Bet es tik gribēju redzēt, kā jūs skūpstīsaties.
JAKUBOVSKIS *(Smejas.)* Gudrs meitens! grib jau pie laika sākt mācīties, lai tiktu meistarene. — Nu, daiļā Maija, dosim viņai parauga stundu, skūpstīsimies nu!

(Apskauj Maiju.)
MAIJA *(To spēji atgrūž, un, kad viņš atkārto mēģinājumu, viņa iesit viņam pa vaigu un metas bēgt.)*
JAKUBOVSKIS *(To atkal noķer un ved atpakaļ; pārsmejoši.)* Mīļie ķildo un kaujas, bet tad mīlējas jo karstāk. Nāc, nāc, dūjiņ, vanaga nagos.
SKUDRĪTIS Mīļā paņenka! mīļā paņenka, nebaidāties tik ļoti! Mīla jau nav kā vilks un kā slepkava: drusku paskūpstīsies un vēl un — pie dzīvības jau neķersies!
MAIJA *(Ieraugot Skudrīti, saraujas un klusi iekliedzas.)* Tad ta nu divi dižciltīgi pani ar viltotām vēstulēm, zobeniem apbruņojušies, uzbrūk nevarīgai meitenei. Un es ar dižciltīgo standartjunkuru runāju kā ar izglītotu cilvēku! par augstām lietām! Jums kā miesnieku zeļļiem vajag tikai gaļas.
JAKUBOVSKIS Mēlīte tev ir, asa kā odzītei; bet asāks vēl tā prāts, kas tevi šurp atvilka. Lepna tu esi, bet vēl lepnāks es, kas lauzīšu tavu lepnumu un padarīšu tevi par savu kalponi!
MAIJA Katrs kustonis var samīt puķi, tādēļ tas tomēr paliek tikai kustonis, lai cik lepns.
JAKUBOVSKIS A! es kustonis! Nu, tad tu, puķe, nolaid savu ziedu galvu pie manām kājām un ar saviem ziedu matiem noslauki man zābakus! Diezgan tu mani esi pazemojusi ar savu lepnumu.
(Viņš nospiež Maiju zemē.)
SKUDRĪTIS *(Metas pie Jakubovska un lūko viņu atturēt. Tas viņu atgrūž.)* Mīļo Adam! mīļo pan Adam! nesit paņenku! panna Maija tik maiga un tik vārīga! — Labāk taču apmīļo viņu, viņa tik skaista! viņa sabijusies un turas pretī; gan viņa tevi arī apmīļos, kad būsi labs.
LIENĪTE *(Nometas ceļos pie Jakubovska.)* Adam, Adam, laid viņu vaļā! nedari viņai nekā ļauna!
JAKUBOVSKIS *(Palaiž Maijas galvu vaļā.)* Nu, celies! Vai tu nu saproti, ka esi manā rokā un varā?! Ka tev nav izejas?!
MAIJA *(Paceļas, lēni, redzēdama, ka nav izejas, apņēmusies uz galējo.)* Es saprotu, ka man nav izejas, un es saprotu, ka tu esi zvērs un tikai, bet es biju par tevi domājusi labāk. Es biju domājusi, ka tu esi cilvēks, kas spēj pacelties augstāk.
JAKUBOVSKIS *(Smejas.)* Ha, ha, ha! Labi, ka tu nu reiz saproti, ka tev nav izejas un ka tu esi mana! Grūti tev nācās to saprast! Bet tad nu man ir laika paņemt tevi, kad es gribu, tad mēs tagad pirms varam parunāties — nopietni, kā tu saki. —*(Stipri.)* Ļauns uzvar pasaulē, ne labs; es tevi uzvaru, ne tu mani. Un es esmu spējīgs

augstāk pacelties, es neesmu kustonis, kā tu domā, nedz vienkāršs cilvēks, kā citi domā: — es esmu velns! Un es visur uzvaru! un visi cilvēki man ir padoti. Es daru ar tiem, ko es gribu. Es ar tevi arī darīšu, ko es gribēšu. Kad tu nebūsi pazemīga, es tevi atdošu Skudrītim.
MAIJA *(Bailēs atšaujas atpakaļ.)*
SKUDRĪTIS *(Plati smejas, bet, redzēdams Maijas šausmas, atvelkas kaunēdamies.)*
JAKUBOVSKIS *(Smejas.)* Nebaidies vis no Skudrīša; viņš tevī iemīlējies. Viņš mani pierunā, lai es klausu tev un tieku par eņģeli, — bet man labāk tīk būt par velnu. Ko tu saki, skaistā Maija?
MAIJA Es tevi tikai nicināju vien, nu es tevi varu arī nīst, jo tev liela, kaut arī maldīga iedoma; bet labs uzvar.
JAKUBOVSKIS *(Smejas.)* Nu taču esmu jau ko panācis. Kur sieviete ciena, tur viņa mīl, — un tu jau reiz mani mīlēji, kad gribēji par eņģeli vērst. — Nu tad nāc uz mīlas gultu. *(Satver viņu, viņa izraujas un bēg.)* Tu nevari izbēgt!
(Viņš satver viņu un nomet sev pie kājām.)
LIENĪTE Vai! vai! viņš atkal grib Maiju sist! Nesit! nesit!
JAKUBOVSKIS *(Iesit viņai.)* Ej projām, vardulēn.
LIENĪTE *(Brēc un raud, bet, pieķērusies pie Maijas, neiet prom.)* Neiešu! neiešu! palikšu pie Maijiņas.
JAKUBOVSKIS *(Smejas.)* Nu, tad paliec un turi viņas rokas, lai viņa man neskrāpē vaigu! — Un tu, Skudrīti, turēsi kājas!
SKUDRĪTIS *(Novēršas, stostās.)* Paņenka droga!
MAIJA *(Nometas ceļos un apkampj Jakubovska kājas.)* Apžēlojies! apžēlojies par mani! Apžēlojies par manu dzīvību!
JAKUBOVSKIS Vai tu nu reiz arī lūdzies manis, tu lepnā, kas tik mani nicināji un apkaunoji! Ha, ha, ha!
(Atkāpjas.)
MAIJA *(Ceļos viņam seko.)* Apžēlojies! apžēlojies! apžēlojies!
LIENĪTE *(Tāpat ceļos, gaudi.)* Apžēlojies! apžēlojies!
JAKUBOVSKIS *(Ņirdzīgi smejas, iesit stipri Lienītei, tā aizbēg.)*

Piektais skats

Tie paši bez Lienītes.
JAKUBOVSKIS *(Uz Maiju.)* Ko tu tā gaudo? Es jau tev pie dzīvības nemaz neķeras, — es —
MAIJA Apžēlojies, es nevaru tā dzīvot!

JAKUBOVSKIS *(Smejas.)* Tā tava darīšana. Es tev dzīvību dāvinu; dari tu ar viņu, ko gribi. Es tikai tevi gribu paņemt, palīdzi pati, noģērbies, neesi lepna! Nu!
(Viņš, noraudams viņai virsdrēbi, to pārplēš.)
MAIJA *(Piepeši uzlec kājās, māksloti mierīgi.)* Es redzu, tevi nevar pielūgt, tu neesi cilvēks —
JAKUBOVSKIS Velns! Ļauns uzvar!
MAIJA Labi, es no tevis gribu atpirkties.
JAKUBOVSKIS *(Smejas.)* Ko tu vari man dot tādu, ko es pats nevarētu paņemt? Tu visa esi manā varā.
MAIJA Ne viss ir tavā varā: labs un gars ir manas pašas un man neatņemams: — laid mani vaļā, un es tev došu to, kas tevi darīs vēl stiprāku tavā amatā par karavīru.
JAKUBOVSKIS Ha, ha, ha! Ko tu vari dot? Un vai tad tu, ar savu labu un garu darīdama mani stiprāku, nekaitēsi pati šim labam un garam? — Ha, ha, ha! — Es esmu ļauns un nodevējs, un pašlabuma meklētājs — bet vai tad tu nenodod savu lielo, cēlo labo garu, pati savu mazo dzīvībiņu glābdama? Vai tu neesi tikpat ļauna kā es?! Ha, ha, ha!
MAIJA Kad es tevi padarīšu stiprāku, tavs ļaunums ašāk aizies bojā.
JAKUBOVSKIS Es tevi nesaprotu, runā gaiši. — Bet to es tev saku, nemeklē ar aplinkiem iegūt laiku, lai kāds nāktu tevi glābt. Labāk nāc tūliņ manās rokās!
(Tuvojas viņai.)
MAIJA Es tev došu šo sarkano zīda lakatu. Tu ne velti viņu apbrīnoji: tas ne tikai skaists, bet arī apbalvots ar labā gara burvju spēku.
JAKUBOVSKIS *(Neticīgi, bet tomēr šaubās.)* Kas tev to deva? — Kāds tam burvju spēks? — Vai tu tik nemānies?
SKUDRĪTIS Pane Adam, viņai, paņenkai, ir burvju spēks; tici man!
MAIJA To lakatu man dāvāja mans līgavainis Viktors Heils.
JAKUBOVSKIS *(Dusmās.)* Psia krev!
MAIJA Nē, ne suņa asinis! Tas lakats mērcēts desmitkārtēja slepkavas asinīs un nu aizsargā pret visiem ievainojumiem. Mans līgavainis Viktors Heils man deva to, lai man nekas nevarētu kaitēt dzīvē un es un labs visur uzvarētu.
SKUDRĪTIS Kā tad tas lakats aizsargā pret ievainojumiem? Vai vajga vicināt ar viņu pretī? Jeb vai viņš dziedē brūces?
JAKUBOVSKIS Viņa mānās vien: netici, Skudrīti! Nu, dod lakatu šurp, Maija!
MAIJA Laid mani vaļā! laid mierīgi pāriet mājās, tad es došu.

JAKUBOVSKIS Nu, es jau tev gluži vienkārši varu lakatu atņemt, bez tavas došanas, ha, ha, ha, velta tava mānīšanās.
MAIJA Lakatu tu vari atņemt, bet bez burvju vārdiem lakatam nav spēka; un burvju vārdus tu nevari man atņemt, lai tu kā gribētu. Tur beidzas tava vara un sākas mana.
JAKUBOVSKIS Gudra tu esi, bet muļķi tu neesi atradusi. Kā tu pierādīsi, ka tavam lakatam tiešām tāds spēks?
MAIJA Es pierādīšu: — es pati apņemšu lakatu, un cērt tad man galvu nost, — tu redzēsi, ka es uzvarēšu.
SKUDRĪTIS Vai! Kāds brīnums! — Ņem, Adam, to lakatu, ņem vien! Varēsim droši iet visās kaujās, un nekas mums nekaitēs. Tu varēsi man arī aizdot lakatu, kad mums vajdzēs iet zagt un laupīt. Ņem, ņem, ņem!
JAKUBOVSKIS *(Stāv domīgs, pusticēdams.)* Es visai tai lietai neticu. Kā tas varētu būt? Ir jau dzirdēti visādi līdzekļi pret ievainojumiem, bet tāda neesmu redzējis. Un kur tad šim dārzniekam tāda vajga? nav jau kareivis.
MAIJA Tādēļ jau es tev dodu.
JAKUBOVSKIS Kā tad ar viņu rīkojas?
MAIJA Apņem ap sevi apkārt, un, kur lakats virsū, tur zobena cirtiens neiet cauri. Tu ej, viņā kā sarkanā zīda mētelī ietinies, kā pats karavadons vai karalis! Tu ej pašā kaujas mutulī kā dievs, kuram nekas nevar kaitēt.
SKUDRĪTIS *(Sajūsmināts.)* Vai, kur labi! ņem, ņem, ņem! Ko tu vēl gaidi? Tāda laime nenāks nekad vairs.
JAKUBOVSKIS *(Stāv šaubās un skatās uz Maiju.)* Varētu jau būt, ka tas ir, — bet-------
SKUDRĪTIS Ņem, ņem! es tev saku! Neskaties uz paņenku Maiju! skaista viņa gan ir, ak, cik skaista, bet tu taču dabūsi skaistules, cik uziet, bet tāda lakata nedabūsi.
JAKUBOVSKIS *(Uz Maiju.)* Es neticu; tu tikai laiku gribi iegūt.
MAIJA Tu pats laiku velti tērē. Es taču lieku tev izmēģināt. Nu, es aplikšu sev lakatu! Nu es esmu neievainojama! nu man nekas nevar kaitēt! Nu es ieeju savā valstībā! *(Apliek sev lakatu un stāv kā sārta parādība.)* Nāc nu cirst!
JAKUBOVSKIS Teic nu burvju vārdus!
MAIJA Kā tu gribi burvju vārdus man izvilt un neesi vēl mani brīvā atlaidis. — Izmēģini tagad lakata burvju spēku pie manis, es teikšu burvju vārdus klusi, un, kad tu būsi man cirtis un redzējis lakata burvību, tad es tev teikšu burvju vārdus dikti; bet tikai tad, kad es būšu drošībā.

SKUDRĪTIS Nu, cērt jel! cērt jel! un ņem lakatu!
MAIJA Nāc ar zobenu!
JAKUBOVSKIS Labi! Sagatavojies, es cirtīšu ar zobenu.
MAIJA *(Paceltām rokām, griezdamās pret izeju, tad pret strautiņu alā.)* Tu skaidrā dienas gaisma! tu augstā, baltā visuredzētāja saule! Šo mirkli es vēl redzu tavu dievināto spožumu un tad aizeju redzēt citu, palsu gaismu uz mūžiem! Es pieminu visu laimes pārmērību, ko esmu baudījusi tavā mirdzumā! tos augstākos dzīves mirkļus, ko tu ļāvi man izjust bezgalīgā mīlā un aizrautībā uz citu pasauli! Es eju pie jums, tālie gari, no kuriem es iznācu, lai vienā mēnesnīcas naktī pārietu pār tukšiem pasaules laukiem! Es eju, lai tukšie lauki uzzeltu tūkstots krāšņās, nevīstošās puķēs! Es eju, lai klātu ceļu neaizturamam mīlas uzvaras pavasara gājienam! Es eju, lai aiz manis nāktu balti mirdzošais labais, mūžīgais, neizsīkstošais laba plūdums! Tu mīļais, baltais labā vīra strautiņš, neizsīksti mūžam! Čuksti mūžam par mīlu, kas neizsīkstoša kā tava plūsma! Saki par manām ciešanām un manu uzvaru tālām paaudzēm! Saki, saki pēdējās ardievas manam mīļam, lai neskumst! lai zina, ka mīla stiprāka par nāvi! lai zina visi, visi, ka mīla stiprāka par nāvi! Ka nav cita spēka kā mīla, kas glābtu pasauli!
JAKUBOVSKIS *(Dusmās.)* Kas tas ir? Ko tu atkal mānies? Tas jau izklausās kā gari mīlas pātari? Liec galvu, lai es cērtu un redzu, vai tu runā patiesību.
MAIJA *(Noliecas ceļos.)* Cērt! Mīla stiprāka par nāvi!
JAKUBOVSKIS *(Cērt ar zobenu, un Maija saļimst un nokrīt mirdama.)*
SKUDRĪTIS *(Pieskrej klāt un ziņkārīgi skatās uz pakritušo Maiju.)* Paņenka, paņenka! Nu, kas, nobijāties! Vai cirtiens bija Par stipru? — Neceļas. Būs apdullināta no tava stiprā sitiena, Adam! — Paņenka, paņenka Maija, ceļaties nu augšā! — Es palīdzēšu piecelties! *(Uz viņa rokām uzplūst Maijas asinis. Izbailēs iekliedzas.)* Vai, vai, vai! — Viņa beigta! — Viss kakls pārcirsts! galva tikko turas. Beigta! beigta! — Nebūs gan paspējusi izteikt burvju vārdus. Tu, Adam, par ašu būsi cirtis. Vai, vai, skaistā, mīļā, labā, nu pagalam!
JAKUBOVSKIS *(Stāv kā sastindzis, bez mēra izbrīnījies.)* Kas tas bij? — Kas tas bij? *(No pārsteiguma kā pusārprātā iekliedzas.)* Svētā! — Ko es esmu padarījis?! es kustonis! es zvērs! *(Pēc brīža mierīgāks.)* Labs uzvar! Mīla stiprāka par nāvi! *(No jauna saviļņots.)* Kad tāds kā es staigā brīvi apkārt, tad pasaulei jāsabrūk! Tu esi glābusi pasauli! — Man te nav vietas! *(Viņš skrien, iemet*

zobenu strautā, pasper ar kāju cirvīti.) Tas lai mani glābtu?!
(Iesmejas īsi un aizbēg)
SKUDRĪTIS *(Stāvējis visu laiku apjucis, kad Jakubovskis aizbēg, viņš arī metas projām.)*

Sestais skats

No alas tumšās malas ienāk lēni, baidīdamās Lienīte.
LIENĪTE *(Pieiet pie gulošās Maijas un apskauj to.)* Maijiņ, Maijiņ, manu mīļo, dārgo! Es ļaunu nedomāju. Piedod man, piedod! *(Skūpsta viņas roku.)* Es tev došu rociņā puķītes, ko tev še sagādājis tavs Viktors, lai tu tās rādītu taviem mīļiem miroņiem, pie kuriem, tu aiziesi. *(Viņa salasa no vijām puķes un ieliek tās Maijas rokās.)* Guli nu, dārgā, guli! *(Viņa nokrīt pie viņas ceļos, sakārto Maijas drēbes un apskāvusi paliek pie viņas guļot un raudot. Paceļ galvu un atgaiņā mušas no miroņa galvas.)* Nenāc, mušiņ! nenāc! Maijiņa tagad ir eņģelīts, un neviens viņu nevar aizskart. *(Viņa pieceļas un grib skūpstīt Maiju, bet, saņemdama tās galvu, piepeši sajūt asinis un sabaidoties iekliedzas.)* Vai! kas tas? *(Tad saņemas un klusi sauc.)* Maijiņ! Mīļā Maijiņ! mīļā Maijiņ!

Priekškars.

Piektais cēliens

Lielā bruņinieku zāle Turaidā. Tiesas galds sarkanā tērpā vienā pusē; otrā pusē ļaudis, — vidū paaugstinājums pārvaldnieka sēdeklim; aiz tā lieli gotiskie logi.

Pirmais skats

Zāle pilna ļaužu. Aiz tiesas galda sēd zemes tiesnesis un divi piesēdētāji. Šildhelma kundzei netāl no tiesas galda atsevišķs sēdeklis. Visi citi stāv kājās.
TIESNESIS Pils pārvaldnieka kundze, atstāstiet vēlreiz visā īsumā drausmīgo notikumu.
ŠILDHELMA KUNDZE Godājamais tiesneša kungs, — es jums rakstīju vēstuli to pat dienu, kad mūsu mīļā Maijiņa — *(Sāk raudāt, bet aši saņemas un turpina stāstu.)* Mans vecais guļ slims, salauzis kāju medībās — cik reiz viņam netiku teikusi, — bet ko tas palīdz — tās medības un tie kari, un tās kaušanās mūs aizvedīs visus postā. —
Tad nu man pašai bij viss jārīko. To vakaru mūsu labais Viktoriņš, tas ir, Heils, atskrien kā negudrs: Maijiņa esot nokauta alā.
Tā ir tā sauktā Labvīra ala, kur muļķa ļaudis vēl tagad tic kādam labam vīriņam un nes tam dāvanas, tas ar savu strautiņu izārstējot ļaudis — te nu bij labums, ka Maijiņa beigta! —
Maijiņu mēs visi tā mīlējām kā savu bērnu; es šoruden gribēju viņu saprecināt ar Heilu — tas ir, dārznieku no Siguldas — krietnākais cilvēks, ne dzer, ne plenderē— tas būtu viņai bijis labākais vīrs, katra būtu bijusi laimīga tādu vīru dabūt. Bet nu viss beigts.
Mēs to vakaru visi skrējām uz Labvīra alu, sevišķi vecais Greifs ar savu veceni — tie bija Maijiņas audžu tēvs un māte — viņa bij atrasta uz kaujas lauka, starp miroņiem.
Alā Maijiņa gulēja asinīs, satinusies sarkanā zīda lakatā, un kaklā briesmīga liela vaina iecirsta.
Vecais Greifs man sacīja, ka viņa meitiņa Lienīte teikusies līdz iet Maijiņai uz alu. Heils Maiju ar vēstuli aicinājis, bet Lienīte neesot kopš tā laika mājās pārnākusi.
TIESNESIS Kur vecais Greifs?
ŠILDHELMA KUNDZE Ak, tas vecais vīrs tā satriekts, ka no viņa

nemaz nevar kādu prātīgu vārdu izdabūt; tas pats ar viņa veceni; abi bija ļoti mīlējuši Maijiņu un arī Heilu.

TIESNESIS Jūs, kā redzams, ļoti labās domās par dārznieku Heilu, bet viņš taču bija pirmais, kurš redzēja nokauto jaunavu; varbūt viņš arī bija klāt pie viņas nokaušanas? — Jūs sakāt — Maija bija viņa līgava — varbūt tie bija saķildojušies? un varbūt ķildai bija kādas sekas?

ŠILDHELMA KUNDZE Nē, nē, nē! Viņš, tas brangākais cilvēks? ko? viņš būtu slepkava? Nē, nē, nekad!

BALSS NO ĻAUŽU VIDUS Greizsirdīgs kā Siguldas dārznieks!

TIESNESIS Ko tur kāds teica? Greizsirdīgs?

ŠILDHELMA KUNDZE Ak ko! greizsirdīgs? Kurš jauns cilvēks tad nav greizsirdīgs uz savu skaistu līgavu? Skaista viņa bija, par daudz skaista, mūsu mīļā Maijiņa, visi viņu iemīlēja.

TIESNESIS Vai kādi citi jaunekļi nebija arī iemīlējušies skaistajā Maijā? un vai Heils nevarēja par to greizsirdībā ķildoties ar Maiju, vai nevarēja tad notikt nelaime?

ŠILDHELMA KUNDZE Nē, nē, nē, nekad viņš to nenosistu!

TIESNESIS Ar kādu ieroci viņa nokauta?

ŠILDHELMA KUNDZE Nezinu.

BALSS NO ĻAUDĪM Dārznieka cirvīts atrasts alā.

TIESNESIS Vai tiešām tā?

ŠILDHELMA KUNDZE Jā gan, bet ko tad tas pierāda?

TIESNESIS *(Paņem no galda dārznieka cirvīti.)* Vai šo cirvīti pazīstat?

ŠILDHELMA KUNDZE Tas ir Heila. Bet ko tas pierāda?

TIESNESIS Kādā stāvoklī jūs atradāt nokauto?

ŠILDHELMA KUNDZE Viņai drēbes bij saplēstas, un apkārt zeme bij nomīdīta, viņa bij stipri pretī turējusies, — un Heilam viņa taču nebūtu pretī turējusies.

TIESNESIS Vai varbūt kāds laupītājs viņai bij uzbrucis? — Vai bij kas nolaupīts?

ŠILDHELMA KUNDZE Greifi saka, ka nekas nebijis nolaupīts.

TIESNESIS Tā kā nokautās tuvākais piederīgais, viņas audžu tēvs, nav tiesā ieradies un nesūdz noziedznieku, tad es, zemes tiesnesis, pats uzņemšos sūdzēšanu un izmeklēšanu. Lieta ir tik drausmīga un tā uztrauc visu prātus, ka jānodibina uz visbargāko taisnība; zemē jābūt reiz mieram! Kari ir izpostījuši zemi un samaitājuši tikumus! Jāvalda atkal mieram un kārtībai!

TIESNEŠA PIESĒDĒTĀJS No tiesas izmeklēšanas izrādījās, pirmkārt, ka alā atradās asiņu peļķe un peļķē iemīts mazs rokas cirvīts. Otrkārt, apliecināts, ka ar šādu cirvīti var būt iecirsta vaina nokautās kaklā. Treškārt, izrādījās, ka šādu cirvīti lietojot un nēsājot aiz jostas dārznieki. Ceturtkārt, izrādījās, ka Viktors Heils ir dārznieks, ko viņš arī pats nespēja noliegt. Visu to ņemot vērā, augšminētais dārznieks Viktors Heils tiek saukts pie atbildības kā apsūdzētais par Maijas Greif, atradenes, noslepkavošanu bez aplaupīšanas nolūka.

ZEMES TIESNESIS Atvest šurp apsūdzēto Viktoru Heilu!

Otrais skats

Tiesas kalpi atved Viktoru Heilu, kurš sasiets važās.
ĻAUDIS Heils! Heils! dārznieks! nevainīgs.
FRIDAS BALSS Heils ir nevainīgs.
TIESNESIS Viktor Heil, vai tu atzīsti sevi par vainīgu Maijas Greifa meitas nāvē?
HEILS *(Gluži sagrauzts, vienaldzīgs pret savu likteni.)* Jā, es esmu pie visas nelaimes vainīgs! es viņai dzīvi darīju neiespējamu ar savu rupjo greizsirdību. Viņa bija kā svētā no debesīm nonākusi mūsu netīrajā pasaulē. Mēs neviens nepratām viņu pasargāt un saudzēt, un tā viņa atkal aizgāja no mums un atstāja mūs izmisumā.
ZEMES TIESNESIS *(Paklusu uz piesēdētājiem.)* Viņš atzīstas, tātad nevajdzēs viņu mocīt.
PIRMAIS PIESĒDĒTĀJS Slepkavības gadījumos vienmēr parasts pielietot moku rīkus; es nezinu, kādēļ šoreiz lai atkāpjamies no svētiem paradumiem.
OTRAIS PIESĒDĒTĀJS Mocīt vajga, gan atzīsies vēl vairāk.
ZEMES TIESNESIS Apsūdzētais Heil, vai šis ir jūsu cirvis?
HEILS Mans.
TIESNESIS Šis cirvis atrasts alā asins peļķē, jūs aiz greizsirdības ar viņu nositāt Maiju Greif?
HEILS Cirvis bij asins peļķē! viņas asinīs!
TIESNESIS Tātad jūs ar šo cirvi viņu nositāt?
HEILS *(It kā atmozdamies.)* Ko? es Maiju nositis? — Jā, es biju pirmais, kas viņu atrada nosistu.
TIESNESIS Jūs tātad liedzaties, ka viņu nositāt? Bet kā jūsu cirvis tur gadījās?
HEILS Es nezinu.
FRIDAS BALSS Heils cirvi neaiznesa.

TIESNESIS Klusu! — Kas tur runā starpā? — *(Uz Heilu.)* Jūs nupat teicāt, ka esat vainīgs pie viņas nāves, un nu liedzaties viņu nositis?
HEILS *(Uztraukts.)* Ko jūs sakāt, tiesneša kungs? es būtu pats nositis Maiju? Es jūs nesaprotu.
OTRAIS PIESĒDĒTĀJS Ko es teicu, — vajdzēja viņu tūliņ mocīt, gan tad atzīsies.
PIRMAIS PIESĒDĒTĀJS *(Uz tiesas kalpiem.)* Atnest moku rīkus!
(Tiesas kalpi aiziet.)

Trešais skats

Tiesas kalpi atnes moku rīkus.
ĻAUDIS Vai! vai! briesmas! — Mocīs nevainīgu cilvēku.
(Atskan jau sievu raudas.)
ZEMES TIESNESIS Pagaidām turpināsim vēl pratināšanu bez mocīšanas.
OTRAIS PIESĒDĒTĀJS Nekas neiznāks.
TIESNESIS Heil, jūs taču pats ar vēstuli aicinājāt Maiju uz alu? Tā teica Šildhelma kundze.
ŠILDHELMA KUNDZE Es tik teicu to, ko bija sacījusi mazā Lienīte.
HEILS Nekādu aicinājumu ar vēstuli es Maijai neesmu sūtījis.
FRIDAS BALSS Nav sūtījis Heils vēstuli.
TIESNESIS Klusu!
ABI PIESĒDĒTĀJI Nu viņš liedzas vēl vairāk — vajga viņu pamocīt, tad teiks taisnību.
HEILS Mokāt mani, cik gribat! es moku nebaidos. Neviens moku rīks nespēs man darīt tādas sāpes un mokas, kādas man dara Maijas aiziešana uz labāku pasauli. — Bet kādēļ jūs sakāt, ka es būtu nokāvis Maiju? — Kādēļ jūs tā apvainojat mani, kam jau tā grūti? Notiesājat mani, mokāt mani, es visu labprāt panesu, es labprāt mirstu, jo dzīve bez viņas man nav vairs vērta dzīvot, bet kādēļ jūs apvainojat mani un līdz ar to arī viņu?!
(Tiesas kalpi tuvojas Heilam ar moku rīkiem.)
ŠILDHELMA KUNDZE Cienījamie tiesnešu kungi, nemokāt jel nevainīgu, sagrauztu cilvēku! Esat taču cilvēki! esat žēlīgi!
HEILS Mīļā kundze, lai viņi nāk, lai dara savu darbu! Mokas un nāve man būs cienīgs atalgojums par to, ka es nepratu glabāt to dārgo mantu, kas bija nodota manās rokās.
FRIDA *(Iznāk laukā no ļaužu vidus.)* Nav vainīgs! nav vainīgs! — nemokāt viņu! *(Uz Heilu.)* Aizstāvies! aizstāvies!

HEILS Es negribu aizstāvēties, es esmu vainīgs! Neceri uz mani, Frida! Es nekad tevi neprecēšu.
TIESNESIS *(Uz Fridu.)* Kā tu zini, ka Heils nav vainīgs? Kādi tev pierādījumi?
FRIDA Viņš nav vainīgs; viņš labs cilvēks. Apžēlojaties!
TIESNESIS Ej vien. kad tu nekā nezini; kad tu viņu cerēji kā līgavaini.
FRIDA *(Atkāpjas ļaudīs.)*
ŠILDHELMA KUNDZE Tiesnešu kungi, neļaujat man, vecai sievai, velti lūgties un raudāt! Atstājat sveikā to lāga cilvēku! Vai jums nepietiek, ka mirusi Maija, vai jāaiziet bojā arī viņas līgavainim? Diezgan asiņu!
PIESĒDĒTĀJS Asins par izlietu asini!
ŠILDHELMA KUNDZE Diezgan asiņu! diezgan asiņu! Apžēlojaties!
ĻAUDIS *(Arī sāk lūgties, sievietes raud.)* Apžēlojaties! apžēlojaties!
TIESNESIS *(Aprunājas klusi ar abiem piesēdētājiem, kuri grib mocīšanu.)* Kad abi piesēdētāju kungi uz likuma pamata pieprasa mocīšanu, tad man tā jānolemj. — Tiesas kalpi, stājaties pie darba!
FRIDA *(Izlaužas no ļaužu vidus un no tiesas kalpiem un nostājas tiesas galda priekšā.)* Man ir pierādījumi, ka Heils nav vainīgs: nupat atrada alā zobenu; liekat to atnest.
TIESNESIS Lai atnes to zobenu!

Ceturtais skats

Tiesas kalps ienes uz dēļa uzliktu zobenu.
ĻAUDIS Skat! skat! zobens! — Tas jau poļa zobens! — Skat! skat!
TIESNESIS Kas to zobenu atrada, kur un kad?
VIENS KARA KALPS Es atradu vakar Labvīra alā strautiņā iemestu šo zobenu.
TIESNESIS Kādēļ neteici tūdaļ par atradumu?
KARA KALPS *(Skatās uz Fridu.)* Jaunkundze man teica, lai es sakot, kad man prasīs.
TIESNESIS *(Uz Fridu,)* Kādēļ neteicāt tūdaļ?
FRIDA Es cerēju, ka jūs tāpat nevainību attaisnosat. Ar šo zobenu arī var būt nokauta tā meitene.
TIESNESIS Piesēdētāju kungi, vai ar šo zobenu var būt nokauta Maija Greif? Jūs jau izmeklējāt un teicāt, ka ar cirvīti viņa var būt nokauta.
PIRMAIS PIESĒDĒTĀJS Nokaušanu var izdarīt arī ar šo zobenu, un

tas var būt pielietots arī pie nokautās, bet skaidrību mēs dabūsim tikai tad, kad pielietosim moku rīkus pie noziedznieka.
OTRAIS PIESĒDĒTĀJS Pilnīgi manas domas: mocīt vajga, tas labi vienmēr un visur!
TIESNESIS Pagaidāt! — *(Uz kara kalpu.)* Kam tas zobens?
KARA KALPS *(Cieš klusu, paskatīdamies uz Fridu.)*
BALSIS NO ĻAUDĪM Tas ir poļa zobens.
ŠILDHELMA KUNDZE Tas var būt standartjunkura Jakubovska zobens. Jakubovskis bija straujš un mežonīgs, tas var būt vainīgs.
PIESĒDĒTĀJI Mēs prasām asās nopratināšanas pielietošanu! — Likuma un taisnības vārdā! — Meklējot citu vainīgo, nevajaga palaist šo, kas jau rokā!
TIESNESIS *(Nemierīgs.)* Heil, nu runājat! attaisnojaties!
HEILS *(Bez līdzdalības.)* Man nav ko teikt.
TIESNESIS *(Piepeši pieceļas kājās.)* Es nolemju taisnības izmeklēšanai pielietot visdrošāko un labāko līdzekli: lai nokautā pati liecina par sevi un savu slepkavu! — Tiesas kalpi, ienesat mironi Maiju Greif!
(Ļaudīs kustība, nemierīga gaidīšana un sačukstēšanās. Tiesnesis priecīgi berzē rokas. Šildhelma kundze viņam klusi pateicas, tikai Heils pats nepriecājas, bet uztraucas.)

Piektais skats

Kalpi ienes uz nestuves Maiju.
ĻAUDIS *(Piepeši apklust, tad uztraucas, daudzi sāk raudāt.)* Maijiņ, mīļā! Maijiņ! — Mūsu Maijiņa atkal pie mums! Maijiņ, ko viņi tev padarīja! — Maijiņ, mūsu labā, mūsu saulīte! — Kas nu mūs priecinās? Kas mūs apžēlos? — Tā, kas citus žēloja, tā no cita nav žēlota! — Ko jūs, zvēri, viņai padarījāt? — Ko viņa bij noziegusies, ka viņu nokāva? Polis! — polis! — Tas junkurs! Mūsu Maijiņa!
TIESAS KALPI *(Noliek nestuves tiesas galda priekšā.)*
ĻAUDIS Neliekat tur! — Liekat Maijiņu goda vietā! — Tur, uz pārvaldnieka paaugstinājuma!
TIESAS KALPI *(Novieto nestuves uz paaugstinājuma.)*
TIESNESIS Apmierinājaties, ļaudis! — Turpināsim tiesas izmeklēšanu! — Heil, atbildat tagad tiesas un nokautās priekšā, vai jūs esat viņu nokāvuši? Ejat tai klāt!
HEILS *(Sadrebinājas, kad ienes Maiju, stāv rokas acu priekšā; kad nestuves noliktas uz paaugstinājumu, viņš tām tuvojas.)*

TIESNESIS Heil, ejat klāt! Tad pati nokautā izspriedīs par jums. Kad jūs teiksat, ka neesat vainīgs, un nokautās brūce sāks asiņot, tad jūs esat slepkava. Ejat klāt un sakāt, vai esat viņu nokāvis?
HEILS *(Pieiet pie paaugstinājuma.)* Maijiņ, tu visu labākā, tu svētā, es esmu vainīgs, es nepratu tevi pasargāt no šīs pasaules, — bet tu man sniedzi savu roku, tu man piedotu un sniegtu arī tagad vēl savu roku, tu esi tik laba!
(Viņš nometas ceļos uz paaugstinājuma, kurš sakustas.)(Maijas rokas piepeši no nestuves malas nokaras pret Heilu.)
HEILS *(Piepeši iekliedzas.)* Maijiņ! — Tava roka! — Tu man piedod!
ĻAUDĪS *(Liels uztraukums.)* Viņa sniedz tam roku! — Maija ij mirusi mūs neaizmirst! — Brīnums! brīnums! — Maija, svētā! — Brīnums! Heils nav vainīgs!
TIESNESIS un PIESĒDĒTĀJI *(Uzlēkuši kājās un pārbrīnījušies.)*
TIESNESIS Nav vainīgs!
PIRMAIS PIESĒDĒTĀJS Ko tu nu teiksi!
OTRAIS PIESĒDĒTĀJS Žēl gan.
ĻAUDIS *(Priecīgi, skaļi.)* Nav vainīgs! nav vainīgs! — nav vainīgs! Maija pati izglāba Heilu.

Sestais skats

Pārvaldnieka sulainis ienāk un griežas pie Šildhelma kundzes.
SULAINIS Kundze, mazā Lienīte ir atvesta; vai vest šurp?
ŠILDHELMA KUNDZE Ved šurp! ved šurp!-------*(Sulainis aiziet.)* — Tiesneša kungs, atrasta Greifa mazā meitiņa, kas bija Maijai līdzi alā. Es liku viņu atvest.
TIESNESIS Atvest Greifu Lienīti.
TIESAS KALPI *(Ieved Lienīti.)*
LIENĪTE *(Tūliņ sāk stāstīt, nenogaidījusi uzaicinājuma.)* Es aizvedu Maijiņu uz Labvīra alu — es gribēju redzēt, kā viņa skūpstīsies ar standartjunkura, ar poli, bet polis sāka viņu tūliņ sist, kam viņa nemīlot, un tad viņa deva viņam lakatu, lai palaižot vaļā, un tad viņa nolieca galvu, un tad polis ar zobenu nocirta viņai galvu, un tad pats sāka kliegt un iesvieda zobenu strautiņā, un pats aizskrēja, un Skudrītis arī sāka kliegt, un es arī sāku kliegt, un tad es iznācu ārā no paslēptuves, un tad es lūdzu Maijiņu celties augšā, un, kad es viņu glaudīju, tad viņa iekrācās un man palika bail, un es arī aizskrēju projām, lai nesacītu, ka es viņu ar zobenu nokāvusi! Un es viņai puķes uzliku.

ŠILDHELMA KUNDZE Ko tu stāsti, Lienīt, ko tu sadomāji savās bailēs?
TIESNESIS Bērns samulsis. No viņa nevar nekā saprast. Par ko tad Maija galvu turēja, lai cērt? Kas tas par lakatu? Atbildi, kā pienākas.
LIENĪTE Es neesmu vainīga, lakatu deva Heils, es nedevu lakatu, es tik aiznesu vēstuli, es neesmu vainīga. *(Sāk raudāt.)*

Septītais skats

Pārvaldnieka kalps ienāk.
KALPS Nāk pārvaldnieka kungs!
PĀRVALDNIEKS ŠILDHELMS *(Tiek ienests uz nestavām.)*
TIESNESIS un PIESĒDĒTĀJI *(Pieceļas un apsveic viņu, tāpat ļaudis.)*
PĀRVALDNIEKS Sveiki visi! — Tiesnešu kungi, man ir jums jādod liecība Maijas Greif lietā. Pie manis nupat, kad es gulēju slims ar savu salauzto kāju, atnāca Skudrītis un ar lielām vaimanām atzinās, ka apsūdzētais Heils neesot vainīgs, bet vainīgs esot viņa, Skudrīša, biedris, standartjunkurs Adams Jakubovskis.
ĻAUDĪS *(Liela kustība.)* Vai redz nu! — Ko es teicu! — Patiesība nāk tomēr gaismā! — Polis, polis! Kādēļ to neķēra tūliņ rokā?
FRIDA *(Ļaužu vidū, uz priekšu panākdamās.)* Polis vainīgs! Viņš ievilināja Maiju alā.
BALSIS NO ĻAUDĪM Un tu poļa mīļākā un palīdzētāja.
PĀRVALDNIEKS Klusat, ļaudis! — Tiesnešu kungi, Skudrīti es liku apcietināt un nodevu to tiesas rīcībā.
TIESNESIS Atvest Skudrīti.
PĀRVALDNIEKS Pagaidāt drusku, tiesneša kungs! Skudrītis ir ļoti uztraukts un no viņa ir grūti ko saprotamu izdabūt, viņš ļoti baidās no tiesas un man kā savam priekšniekam uzticas vairāk. Es jums, tiesas kungi, vispirms atstāstīšu, ko viņš man atzinās; tad pēc jūs varēsat no viņa paša mutes dabūt apstiprinājumu.
TIESNESIS Lūdzu stāstāt, pārvaldnieka kungs!
PĀRVALDNIEKS Stāsts ir gandrīz neticams, un es pats nebūtu ticējis, kad nebūtu redzējis Skudrīša sirdsapziņas mokas. Standartjunkurs Adams Jakubovskis ir nevaldāmas dabas, stiprinieks, dzērājs, sieviešu pavedējs, straujš, karstgalvis, ar tumšu pagātni. Pie poļiem būdams, sakāvis par kādu rājienu savu priekšnieku; tad atbēdzis pie manis, bet es viņu arī drīz būtu atlaidis. Standartjunkurs nu gribējis pavest arī Maiju Greif; kad tā

pretojusies, tad ar Skudrīša un kādas sievietes palīdzību aizvīlis Maiju uz alu, kur gribējis ar varu panākt savu nolūku. Būtu arī panācis, jo Skudrītis ar būtu palīdzējis pieveikt jaunavu, bet tad noticis kas gluži neticams: Maija solījusi viņam savu lakatu, kuram esot burvja spēks, nesējs tiekot neievainojams. Standartjunkurs, māņticīgs būdams, tam noticējis — vēl vairāk tad, kad Maija piedāvājusies, lai pie viņas kakla izmēģinot. Viņa turējusi galvu, un Jakubovskis cirtis ar zobenu un tā nonāvējis Maiju, — Maija labāk zaudējusi savu dzīvību nekā savu nevainību. *(Mirkli vispārējs pilnīgs klusums.)*
HEILS *(Iekliedzas.)* Maija, Maija, tu svētā! svētā! un es tev neticēju! Tu svētā, svētā! Kā lai es izpērku savu grēku!
(Sievietes sāk skaļi raudāt, arī vīrieši nenociešas; pats tiesnesis tikko spēj savaldīties.)
KĀDA BALSS NO ĻAUŽU VIDUS Viņa, labprātīgi iedama nāvē, mūsu visu grēkus ir uzņēmusi uz sevim un izpirkusi!
OTRA BALSS Karš bija nokāvis taisnību, taisnība paceļas atkal dzīva no mirušās Maijas miesām.

Astotais skats

Skudrītis ielaužas iekšā un, caur sargiem izspraukdamies, pieskrien pie Maijas nestuves.
SKUDRĪTIS Maija! Šventa Maija! Pie tavām kājām nometos zemē! neatstum manis, necienīga verga! mana roka būtu palīdzējusi tevi slepkavot, tu mani pasargāji no grēka! Šventa Maija! Šventa Maija! *(Ceļos rāpo pa paaugstinājumu, sit ar galvu pret grīdu; visu laiku paliek ceļos.)*
TIESNESIS Ko tu esi darījis, Skudrīti, saki visu!
SKUDRĪTIS Viņa teica: cērt man! Lakats dara neievainojamu, — un es noticēju, bet viņa glāba sevi, nāvē iedama. — Adams palika kā dumjš un traks, kliedza: "to es nedomāju, es biju traks zvērs!" un, kad es viņu mierināju, viņš man uzsauca: nenāc man tuvu, es tevi nožņaugšu! — Pans Adams nevar dzīvot! mans mīļais pans nevar dzīvot!
TIESNESIS Kur ir tavs pans?
SKUDRĪTIS Tepat jau viņš ir. Viss viņa lepnums salauzts, viņš baidās nākt iekšā, tāpat kā es, pazemīgais kalps. Adam! pane Adam! nāc iekšā!

Devītais skats

Adams Jakubovskis ienāk; ļaudis visur vairās no viņa un dod ceļu. Jakubovskis, tērpies kā uz paradi, iet taisni uz Maijas nestuvi.
LIENĪTE *(Stājas viņam ceļā un iesit viņam ar dūrīti.)* Tu nekrietnais! Tu viņu mīlēji, bet nositi! — Še tev, nekrietnais!
JAKUBOVSKIS Lienīte mani notiesā, — topi, jaunatne, labāka par mani.
(Kad viņš pieiet pie nestuves, ļaudis sakustas.)
ĻAUDIS Skatāt! skatāt! — mironis sāk asiņot! Maija asiņo! — Slepkava, neej klāt! — Slepkava, nost! *(Draudoši paceļ rokas.)* Brīnums! brīnums!
JAKUBOVSKIS Maija, tu mani atraidīji! es uzņemšu sodu. Tev tiesība sodīt. Bet es cerēju, ka tu piedosi man un nesodīsi kā jaunatne! Jo es tomēr tevi esmu mīlējis.
ĻAUDIS *(Sauc.)* Asins apstājas! — Asins apstājas, — viņa piedod! — Svētā, svētā!
JAKUBOVSKIS Tu piedod, Maija! — Tu svētā! Tu otrreiz mani uzvarēji — labs uzvar! Tev taisnība.
(Sabrūk savā lepnumā, sāk skaļi raudāt.)
ĻAUDIS *(Raud arī līdzi, vispārējs žēlums.)*
JAKUBOVSKIS Sveika, svētā Maija!
(Viņš nošaujas.)(Vispārējs nomierinājums.)
TIESNESIS Vainīgais sodījis pats sevi. Tiesai atliek nolemt viņa mironi līdz ar noziedzīgo zobenu aprakt dziļākā purvā. Skudrīti sodīt ar nāves sodu.
HEILS Tiesneša kungs, nesodāt ar nāvi Skudrīti, lai viņa asinis neaptraipa Maijas asinis. Lai viņš atstāj tikai šīs zemes robežas! Tā es sodu arī pats sevi, aiziedams trimdā.
TIESNESIS Tiesa aiziet taisīt spriedumu!
(Tiesnesis un piesēdētāji aiziet.)
Tie paši bez tiesnešiem.
HEILS Mīļie ļaudis un draugi! es aizeju savā zemē! paliekat sveiki, pieminat mani labā! Lai jums labāk klājas nekā man, nelaimīgajam, kas pats bija vainīgs. Es paņemu sev trimdā līdzi lāsi no Maijas asins.
(Viņš lakatiņu iemērc Maijas asinīs.)
FRIDA *(Nomezdamās pie viņa ceļos.)* Es esmu sodīta visvairāk; es noziedzos un nesasniedzu savu mērķi. Tu aizej no manis, es negūstu tevi ne ar kādiem upuriem un noziegumiem. Tev paliek viņas asinis, man paliek tik mana ļaunā sirdsapziņa. Sniedz man jel

roku kā Maija tev!
HEILS *(Sniedz roku.)* Paliec sveika, Frida. Mēs visi ciešam, katrs savām asarām. — *(Pakrīt ceļos.)* — Maija! Maija! Maija.
ĻAUDIS *(Raudot.)* Maija! Maija! Maija!

Priekškars

Also available from JiaHu Books

Lāčplēsis - 978-1-909669-49-9
Laimė Nutekėjimo 978-1-909669-36-9
Kalevala 978-1-909669-10-9
Laula Tulipunaisesta Kukasta - 978-1-909669-63-4
Kalevipoeg 978-1-909669-11-6
Osudy dobrého vojáka Švejka za světové války 978-1-909669-45-1
Válka s molky - 978-1-78435-075-8
R.U.R. - 978-1-78435-076-5
Babička - 978-1-78435-077-2
Hiša Marije Pomočnice - 978-1-909669-31-4
Ludzie bezdomni - 978-1-909669-40-6
Quo vadis? 978-1-909669-41-3
Pan Tadeusz - 978-1-909669-51-2
Na wzgórzu róż -978-1-78435-074-1
Горски вијенац - 978-1-909669-56-7
Judita - 978-1-909669-58-1
Dundo Maroje - 978-1-78435-019-2
Suze sina razmetnoga - 978-1-78435-059-8
Стихотворения и Проза Ботев - 978-1-909669-86-4
Под игото - 978-1-78435-055-0
Az arany ember - 978-1-909669-42-0
Szigeti veszedelem - 978-1-909669-57-4
Verk Hayastani – Wounds of Armenia - 978-1-909669-47-5

www.ingramcontent.com/pod-product-compliance
Lightning Source LLC
Chambersburg PA
CBHW031417040426
42444CB00005B/609